부동산 세제 해설

김영화

publishing and culture
피앤씨미디어

머리말

부동산은 취득할 때부터 처분할 때까지 다양한 세금에 얽혀 있습니다. 복잡하고 중요한 세금이다 보니 재산과 관련한 세법의 이론을 담고 있는 도서는 매우 다양하게 출판되어 있습니다. 또한 재산의 이전과 관련하여 상속세 및 증여세, 양도소득세의 절세를 위한 책도 많습니다. 하지만 이 책은 재산 중 특히 부동산의 취득 및 보유, 그리고 양도에 이르기까지 관련된 국세와 지방세의 기초이론을 제시하고 실무적으로 이용할 수 있는 세금전략을 함께 제시하고 있다는 점에서 차이점이 있습니다.

이 책은 제1편에서 제4편으로 구성되어 있습니다. 제1편과 제2편은 부동산의 취득과 관련된 취득세 및 상속증여세의 내용을 담고 있습니다. 제3편은 부동산보유와 관련된 종합부동산세와 재산세에 관한 내용입니다. 마지막 제4편은 부동산 양도와 관련된 양도소득세의 내용을 담고 있습니다. 각 세법 중 부동산과 관련된 기초이론을 살펴본 다음, 일상생활에서 세금을 절감할 수 있는 방안을 제시하였습니다.

이 책은 재산제세와 관련한 교양과목 및 전공과목을 공부하는 교재로 활용할 수 있을 것입니다. 또한 부동산을 통한 재테크에 관심이 많은 분들에게 관련 세금에 대한 기초이론과 세금전략을 함께 제공할 수 있을 것입니다. 부동산세제에 관심이 많은 학생들과 부동산 컨설팅 업무에 종사하고자 하는 분이 알아야할 기초이론과 이와 관련된 세금전략을 제공함으로서 취업과 진로에 도움이 되고자 합니다. 그러나 출간을 서두르다 보니 여러 가지로 미흡한 부분이 있음을 인정하지 않을 수 없습니다. 앞으로 시간을 두고 보완하고자 합니다.

이 책이 출간될 때까지 여러분의 도움이 있었습니다. 먼저 학문의 길로 이끌어 주신 은사님들, 항상 같이 고민해 주시는 동료교수님, 사랑하는 가족들에게 감사드립니다. 마지막으로 이 책을 출간하는 데 세심한 도움을 주신 피앤씨미디어의 박노일 사장님과 편집부 여러분께 감사의 말씀을 합니다.

2014년 저자

차 례

제 1 편 부동산 취득과 지방세

제 1 장 취득세

제 1 절 취득세란 무엇인가? 11
제 2 절 취득세의 납세의무자는? 13
제 3 절 납세지는 어디인가? 17
제 4 절 취득세 비과세란? 18
제 5 절 취득세의 과세표준은 무엇인가? 20
제 6 절 취득세 세율은? 24
제 7 절 취득의 시기는 언제인가? 30
제 8 절 취득세의 부과와 징수는 어떻게 하는가? 32

제 2 편 부동산 취득과 국세

제 1 장 상속세

제 1 절 상속세란 무엇인가? 37
제 2 절 상속세의 과세대상은? 43
제 3 절 상속세 과세가액의 계산은 어떻게 하는가? 45
제 4 절 상속세 과세표준은? 55
제 5 절 상속세 산출세액은 어떻게 계산하는가? 67
제 6 절 상속세의 신고 및 납부는 어떻게 하는가? 73

제 2 장 증여세

제 1 절 증여세란 무엇인가? 88
제 2 절 증여세의 과세가액은 무엇인가? 92
제 3 절 증여세 과세표준은 어떻게 계산하는가? 97
제 4 절 증여세 산출세액은 어떻게 계산하는가? 102
제 5 절 증여가산가액에 포함되는 사례는? 106
제 6 절 증여로 추정되는 것은 어떤 것이 있는가? 112
제 7 절 증여세의 신고 및 납부는 어떻게 하는가? 118
제 8 절 상속 및 증여재산의 평가는 어떻게 하는가? 124

제 3 편 부동산 보유와 세금

제 1 장 부동산 보유와 국세

제 1 절 종합부동산세란 무엇인가? 133
제 2 절 부동산보유세의 과세대상은 무엇인가? 136
제 3 절 주택에 대한 종합부동산세의 과세방법은? 138
제 4 절 토지에 대한 종합부동산세의 과세방법은? 141
제 5 절 종합부동산세의 납세절차는? 145

제 2 장 부동산 보유와 지방세

제 1 절 재산세의 과세대상과 납세의무자는? 149
제 2 절 재산세의 과세표준과 세율은? 152
제 3 절 재산세의 납세절차는? 155

제 4 편 부동산 양도와 세금

제 1 장 양도소득세

제 1 절 양도소득세란 무엇인가? 161
제 2 절 자산의 양도란? 165
제 3 절 양도소득의 과세대상자산은? 170
제 4 절 양도 또는 취득의 시기는 언제인가? 177
제 5 절 양도가액과 취득가액은? 182
제 6 절 기준시가란 무엇인가? 188
제 7 절 양도차익은 어떻게 계산하는가? 192
제 8 절 양도소득금액은 어떻게 계산하는가? 199
제 9 절 양도소득 과세표준과 산출세액은 어떻게 계산하는가? 204
제10절 양도소득세 자진납부세액이란 무엇인가? 212
제11절 양도소득세의 신고와 납부방법은? 215
제12절 양도소득세 비과세대상은? 234

찾아보기 243

제 1 편

부동산 취득과 지방세

제1장 취득세

CHAPTER

01 취득세

제1절 취득세란 무엇인가?

1. 취득세의 개념

타인으로부터 대가를 지급하고 부동산을 취득했을 경우 취득세를 내야 한다. 뿐만 아니라 상속 또는 증여에 의해 무상으로 취득하는 경우에도 마찬가지이다.

취득세란 부동산, 차량, 기계장비 등을 취득한 자에게 부과하는 지방세[1)]이다.

2. 취득의 개념

취득이란 매매, 교환, 상속, 증여, 기부, 법인에 대한 현물출자, 건축, 개수(改修), 공유수면의 매립, 간척에 의한 토지의 조성 등과 그 밖에 이와 유사한 취득으로서 원시취득, 승계취득 또는 유상·무상의 모든 취득을 말한다(지방법 6 (1)).[2)]

---

1) 지방세란 지방자치단체가 재정수입을 확보하기 위하여 지방자치단체 내의 주민에게 부과하는 조세로서 국가의 재정수입을 확보하기 위해 부과하는 국세와 차이가 있다.
2) 차량, 기계장비, 항공기 및 주문에 의하여 건조하는 선박은 승계취득의 경우에 한하

취득세 과세대상 자산을 매매한 경우 뿐 아니라 건설에 의한 건물의 신축, 상속이나 증여에 의한 무상취득도 취득세 과세대상이 된다.

원시취득이란 공유수면의 매립, 간척에 의한 토지의 조성, 건축물의 신축, 재축, 선박의 건조, 광업권, 어업권 등의 출원을 말한다.

승계취득이란 매매, 교환, 현물출자 등의 유상승계와 기부, 상속, 증여 등 무상승계취득으로 구분할 수 있다.

3. 취득세 과세대상 자산

취득세는 다음의 자산을 취득하는 경우 부과한다(지방법 7 ①).

① 부동산

② 차량

③ 기계장비

④ 항공기

⑤ 선박

⑥ 입목

⑦ 광업권

⑧ 어업권

⑨ 골프회원권, 승마회원권, 콘도미니엄 회원권 또는 종합체육시설 이용회원권

여 취득으로 보며, 제조 등에 의한 원시취득은 사실상의 취득으로 보지 아니한다.

제 2 절 취득세의 납세의무자는?

1. 부동산 등의 취득자

취득세는 부동산, 차량, 기계장비, 항공기, 선박, 입목, 광업권, 어업권, 골프회원권, 승마회원권, 콘도미니엄 회원권, 종합체육시설 이용회원권 또는 요트회원권(이하 '부동산등'이라 한다)을 취득한 자에게 부과한다.

부동산 등의 취득은 민법 등 관계 법령에 따른 등기·등록 등을 하지 아니한 경우라도 사실상 취득하면 각각 취득한 것으로 보고 해당 취득물건의 소유자 또는 양수인을 각각 취득자로 한다. 다만, 차량, 기계장비, 항공기 및 주문을 받아 건조하는 선박은 승계취득인 경우에만 해당한다(지방법 7 ②).

2. 부동산 등의 가액이 증가한 경우

선박, 차량과 기계장비의 종류를 변경하거나 토지의 지목을 사실상 변경함으로써 그 가액이 증가한 경우에는 취득으로 본다.

3. 법인의 과점주주

법인의 주식 또는 지분을 취득함으로써 과점주주[3]가 되었을 때에는 그 과점주주가 해당 법인의 부동산 등을 취득한 것으로 본다. 법인설립 시에 발행하는 주식 또는 지분을 취득함으로써 과점주주가 된 경우에는 취득으로 보지 아니한다(지방법 7 ⑤).

---

3) 주권상장법인 이외의 법인의 주주 또는 유한책임사원 1명과 그와 친족, 그 밖의 특수관계에 있는 자의 소유주식의 합계 또는 출자액의 합계가 해당 법인의 발생주식총수 또는 출자총액의 50%를 초과하는 자를 말한다(지방기본법 47 (2)).

4. 상속자

상속으로 인하여 취득하는 경우에는 상속인 각자가 상속받는 취득물건을 취득한 것으로 본다(지방법 7 ⑦).

5. 주택조합 및 주택재건축조합원

주택조합과 주택재건축조합 해당 조합원용으로 취득하는 조합주택용 부동산은 그 조합원이이 취득한 것으로 본다(지방법 7 ⑧).

6. 배우자 및 직계존비속의 부동산 등을 취득하는 경우

배우자 또는 직계존비속의 부동산 등을 취득하는 경우에는 증여로 취득한 것으로 본다(지방법 7 ⑪).[4]

7. 기 타

증여자의 채무를 인수하는 부담부 증여의 경우에는 그 채무액에 상당하는 부분은 부동산 등을 유상으로 취득하는 것으로 본다(지방법 7 ⑫). 또한 각 상속인의 상속분이 확정되어 등기 등이 된 후, 그 상속재산에 대하여 공동상속인이 협의하여 재분할한 결과 특정 상속인이 당초 상속분을 초과하여 취득하게 되는 재산가액은 그 재분할에 의하여 상속분이 감소한 상속인으로부터 증여받아 취득한 것으로 본다.[5]

---

4) 다음 어느 하나에 해당하는 경우에는 유상으로 취득한 것으로 본다(지방법 7 ⑪).
   1. 공매(경매를 포함한다. 이하 같다)를 통하여 부동산 등을 취득한 경우
   2. 파산선고로 인하여 처분되는 부동산 등을 취득한 경우
   3. 권리의 이전이나 행사에 등기 또는 등록이 필요한 부동산 등을 서로 교환한 경우
   4. 해당 부동산 등의 취득을 위하여 그 대가를 지급한 사실을 증명한 경우

5) 다음 어느 하나에 해당하는 경우에는 취득으로 보지 아니하다(지방법 7 ⑬).

쉬어가는 코너[6] 부부공동명의가 세금 부담을 줄일 수 있을까?

최근 부부가 공동으로 등기하는 경우가 많아졌다. 재산을 늘려가는 과정에서 배우자의 역할을 존중하고 부부평등의식이 높아졌기 때문에 주변에서 흔히 볼 수 있는 광경이다. 이러한 부부공동등기가 세금에 미치는 영향은 무엇일까? 재산을 취득하면서 부담하는 취득세는 단독등기를 하던 공동등기를 하던 차이가 없다. 그러나 부동산을 보유하는 동안 부담하는 부동산보유세와 부동산을 양도할 때 납부하는 세금은 차이가 있다.

공동명의의 부동산을 양도하면 공동명의자가 각자 양도소득을 계산한다. 부부공동명의의 부동산을 양도하면 각 명의자의 양도차익은 단독명의로 양도하는 것에 비하여 절반이 된다. 이 경우 적용되는 세율이 낮아지고 각각 양도소득 기본공제를 할 수 있으므로 세금부담이 줄어든다. 예를 들어 양도소득이 1억인 건물을 양도한다고 가정하자, 단독명의일 경우 기본공제 2,500,000을 차감한 97,500,000에 대하여 19,225,000원의 세금을 납부하여야 한다. 반면에 부부공동명의에 의해 양도할 경우 각각 50,000,000에서 2,500,000만원을 차감한 47,500,000에 대하여 6,180,000을 납부하므로 합산하여 12,360,000원이 된다. 즉 단독명의에 비해 6,865,000원을 절감할 수 있다.

한편 상속의 경우에도 부부공동명의가 유리하다. 공동명의로 상속재산이 분산되면 상속세의 부담액도 줄어든다 물론 기준시가로 재산가액이 10억원에 미치지 못한다면 상속세 부담이 없으므로 단독명의이든 공동명의이든 차이가 없다. 그러나 단독명의의 경우 상속되는 재산가액이 10억원을 초과한다면 납부할 상속세의 차이가 있다. 만약 남편단독명의의 부동산 재산가액이 20억이며 배우자와 2명의 자녀가 있을 경우 납부할 세액은 약 2억 4천만원이다. 그러나 공동명의의 부동산을 자녀에게 상속하는 경우 부담해야 하는 상속세는 남편소유 10억에 대한 상속세는 없으며 아내소유 10억 자산에 대한 상속세는 약 9천만원으로 그 차이가 1억 5천만원에 이른다. 이러한 절세효과 때문에 상속세 절세 전략의 하나로서 배우자간 공동명의를 하는 경우도 많다.

부동산보유와 관련한 공동명의의 장점을 살펴보자. 부동산 보유 시 부과되는 재산세의 세율구조가 누진구조를 갖고 있으므로 공동명의를 할 경우 절세효과가 있다. 재산세과세대

---

1. 상속세 신고·납부기한 내에 재분할에 의하여 취득한 경우
2. 상속회복청구의 소에 의한 법원의 확정판결에 의하여 상속인 및 상속재산에 변동이 있는 경우
3. 채권자대위권의 행사에 의하여 공동상속인들의 법정상속분대로 등기 등이 된 상속재산을 상속인사이의 협의분할에 의하여 재분할하는 경우

상인 주택이나 토지 등이 일정금액을 초과하여 종합부동산세를 부담해야 할 경우에도 공동명의가 유리하다. 종합부동산세가 세대별 합산과세에서 개인별 합산과세로 변경되었기 때문이다. 예를 들어 주택의 경우 개인별로 합산한 주택공시가격이 6억원을 초과할 경우 종합부동산세 과세대상이 된다. 그러나 부부공동명의의 경우 주택공시가격이 12억원인 경우에도 종합부동산세 과세대상에서 제외된다는 점에서 공동명의가 유리하다 할 수 있다.

앞에서 살펴본 바와 같이 부부공동명의를 할 경우 세금측면에서는 유리한 점이 많다. 그러나 몇 가지 유의해야 할 점이 있다. 부부공동명의로 취득하거나 남편단독명의에서 배우자와 공동으로 명의하기 위해 지분을 증여하는 경우에 증여세를 부담할 수 있다는 점이다. 배우자의 소득이 없는 경우 부부공동명의로 취득 시 자금출처조사를 받을 수 있다. 이 때 자금출처를 입증하지 못하면 증여세를 부담해야 한다. 단독명의의 재산을 공동명의하기 위해 배우자에게 증여하는 경우에도 증여세 과세대상이다. 부부간 증여의 경우 6억원까지 증여재산공제를 받을 수 있으므로 6억원 한도 내에서 증여세 부담 없이 공동명의가 가능하다.

증여세 외 공동명의를 위해 배우자에게 이전하는 부동산은 추가적인 취득세 및 등기수수료가 있다.

따라서 단독명의에서 공동명의의 변경은 증여세 및 취득세 등의 부담액과 공동명의로 인한 세금절세효과를 고려하여 결정해야 할 것이다.

6) 저자의 기고에 의해 매일신문 2013.9월에 게재되었던 내용입니다.

제 3 절 납세지는 어디인가?

취득세의 납세지는 아래와 같으며 납세지가 분명하지 아니한 경우 해당 취득물건의 소재지를 납세지로 한다(지방법 8).

① 부동산: 부동산 소재지

② 차 량: 자동차관리법에 따른 등록지. 다만, 등록지가 사용본거지와 다른 경우에는 사용본거지를 납세지로 한다.

③ 기계장비: 건설기계관리법에 따른 등록지

④ 항공기: 항공기의 정치장 소재지

⑤ 선 박: 선적항 소재지

⑥ 입 목: 입목 소재지

⑦ 광업권: 광구 소재지

⑧ 어업권: 어장 소재지

⑨ 골프회원권, 승마회원권, 콘도미니엄 회원권, 종합체육시설 이용회원권 또는 요트회원권: 골프장·승마장·콘도미니엄·종합체육시설 및 요트 보관소의 소재지

제 4 절 취득세 비과세란?

1. 국가 등의 취득

국가 또는 지방자치단체, 지방자치단체조합, 외국정부 및 주한국제기구가 취득하는 부동산 등에 대해서는 취득세를 부과하지 아니한다. 다만, 대한민국 정부기관의 취득에 대하여 과세하는 외국정부의 취득에 대해서는 취득세를 부과한다(지방법 9 ①).

2. 국가 등에 귀속되는 부동산

국가, 지방자치단체 등에 귀속 또는 기부채납을 조건으로 취득하는 부동산 및 사회기반시설에 대하여는 취득세를 부과하지 아니한다(지방법 9 ②).

3. 신탁재산의 취득

신탁[7]으로 인한 신탁재산의 취득으로서 다음 어느 하나에 해당하는 경우에는 취득세를 부과하지 아니한다. 다만, 신탁재산의 취득 중 주택조합등과 조합원 간의 부동산 취득 및 주택조합 등의 비조합원용 부동산 취득은 제외한다(지방법 9 ③).

① 위탁자로부터 수탁자에게 신탁재산을 이전하는 경우
② 신탁의 종료로 인하여 수탁자로부터 위탁자에게 신탁재산을 이전하는 경우
③ 수탁자가 변경되어 신수탁자에게 신탁재산을 이전하는 경우

---

7) 「신탁법」에 따른 신탁으로서 신탁등기가 병행되는 것만 해당한다.

4. 동원대상지역내의 토지의 수용 사용에 관한 환매권의 행사로 매수하는 부동산의 취득

징발재산정리에 관한 특별조치법 또는 국가보위에 관한 특별조치법에 따른 동원대상지역 내의 토지의 수용·사용에 관한 환매권의 행사로 매수하는 부동산의 취득에 대하여는 취득세를 부과하지 아니한다(지방법 9 ④).

5. 임시건축물의 취득

임시흥행장, 공사현장사무소 등 임시건축물의 취득에 대하여는 취득세를 부과하지 아니한다. 다만, 존속기간이 1년을 초과하는 경우에는 취득세를 부과한다(지방법 9 ⑤).

6. 일정 규모이하의 공동주택 개수로 인한 취득

공동주택의 개수(대수선은 제외한다)로 인한 취득 중 개수 당시 시가표준액이 9억원 이하의 주택과 관련된 개수로 인한 취득에 대해서는 취득세를 부과하지 아니한다(지방법 9 ⑧). 대수선이란 엘리베이트 교체 등을 말한다.

제5절 취득세의 과세표준은 무엇인가?

취득세의 과세표준은 원칙적으로 취득당시의 가액으로 한다. 다만 연부로 취득하는 경우에는 연부금액으로 한다. 연부금액은 매번 사실상 지급되는 금액을 말하며 계약보증금을 포함한다(지방법 10 ①).

1. 취득당시의 가액

취득 당시의 가액은 취득자가 신고한 가액에 의한다(지방법 10 ②). 다만, 신고 또는 신고가액의 표시가 없거나 그 신고가액이 시가표준액에 미달하는 때에는 그 시가표준액으로 한다. 즉, 취득 당시의 가액은 취득자가 신고한 가액과 시가표준액 중 큰 금액으로 한다.

아래는 시가표준액에 관한 내용이다.

구 분	시가표준액
부동산가격 공시 및 감정평가에 관한 법률에 따라 가격이 공시되는 토지 및 주택	• 토지: 개별공시지가 • 주택: 개별주택가격 또는 공동주택가액 • 개별공시지가 또는 개별주택가격이 공시되지 아니한 경우에는 시장·군수가 국토해양부장관이 제공한 토지가격비준표 또는 주택가격비준표를 사용하여 산정한 가액으로 하고, 공동주택가격이 공시되지 아니한 경우에는 지역별·단지별·면적별·층별 특성 및 거래가격 등을 고려하여 행정안전부장관이 정하는 기준에 따라 시장·군수가 산정한 가액으로 함
위 외의 건축물[8]과 선박·항공기 및 그 밖의 과세대상	거래가격, 수입가격, 신축·건조·제조가격 등을 고려하여 정한 기준가격에 종류·구조·용도·경과연수 등 과세대상별 특성을 고려하여 행정안전부장관이 정하는 기준에 따라 지방자치단체의 장이 결정한 가액

8) 새로 건축하여 건축 당시 개별주택가격 또는 공동주택가격이 공시되지 아니한 주택

2. 사실상의 취득가액

국가 등으로부터의 취득(증여·기부, 그 밖의 무상취득 및 양도소득의 부당행위계산부인 또는 법인의 부당행위계산부인에 따른 거래로 인한 취득을 제외)에 대하여는 사실상의 취득가격 또는 연부금액으로 한다(지방법 10 ⑤).

한편, 법인이 아닌 자가 건축물을 건축하거나 대수선하여 취득하는 경우로서 취득가격 중 100분의 90을 넘는 가격이 법인장부에 따라 입증되는 경우에는 이를 과세표준으로 한다(지방법 10 ⑥).

사실상의 취득가액을 과세표준으로 하는 대상은 다음과 같다(지방법 10 ⑤).

① 국가·지방자치단체 또는 지방자치단체조합으로부터의 취득
② 외국으로부터의 수입에 의한 취득
③ 판결문·법인장부 등에 따라 취득가격이 증명되는 취득
④ 공매방법에 의한 취득
⑤ 「공인중개사의 업무 및 부동산 거래신고에 관한 법률」에 따른 신고서를 제출하여 같은 법에 따라 검증이 이루어진 취득

사실상의 실지취득가격이란 취득과 관련하여 지급한 매입가액과 매입과 관련한 부대비용을 합산한 금액이다. 취득시 매입가액은 취득시기를 기준으로 그 이전에 해당 물건을 취득하기 위하여 거래 상대방 또는 제3자에게 지급하였거나 지급하여야 할 직접비용과 다음에 해당하는 간접비용의 합계액으로 한다. 다만, 취득대금을 일시급 등으로 지불하여 일정액을 할인받은 경우에는 그 할인된 금액으로 한다(지방령 18 ①).

① 건설자금에 충당한 차입금의 이자 또는 이와 유사한 금융비용
② 할부 또는 연부조건부 계약에 따른 이자상당액 및 연체료. 다만, 법인이 아닌 자가 취득하는 경우는 취득가격에서 제외한다.
③ 농지보전부담금, 대체산림자원조성비 등 관계법령에 따라 의무적으로 부담하는 비용

으로서 토지부분을 제외한 건축물을 포함

④ 취득에 필요한 용역을 제공받은 대가로 지급하는 용역비·수수료
⑤ 취득대금 외에 당사자 약정에 의한 취득자 조건 부담액과 채무인수액
⑥ ①부터 ⑤까지의 비용에 준하는 비용

다음에 해당하는 비용은 취득가격에 포함하지 아니한다(지방령 18 ②).

① 취득하는 물건의 판매를 위한 광고선전비 등의 판매비용과 그와 관련한 부대비용
② 「전기사업법」, 「도시가스사업법」, 「집단에너지사업법」, 그 밖의 법률에 따라 전기·가스·열 등을 이용하는 자가 분담하는 비용
③ 이주비, 지장물 보상금 등 취득물건과는 별개의 권리에 관한 보상 성격으로 지급되는 비용
④ 부가가치세
⑤ ①부터 ④까지의 비용에 준하는 비용

3. 자산가액 증가에 의한 과세표준

건축물의 개수, 선박 등의 종류 변경 및 토지의 지목 변경으로 취득세 과세대상이 되는 경우 과세표준은 개수와 변경으로 인해 증가한 가액이 과세표준이 된다. 각 항목별 과세표준을 요약하면 아래와 같다.

구 분	과세표준
건출물의 증축·개축	건출물의 증축에 소요되는 금액 건축물의 개축으로 인하여 증가한 가액
선박·차량·기계장비의 종류변경	종류변경으로 인하여 증가한 가액
토지의 지목 변경	지목변경으로 증가한 가액
과점주주의 간주취득	취득세 과세대상 자산의 총액 × 지분비율

(1) 건축물을 건축·개수한 경우 등

건축물을 건축(신축 및 재축은 제외) 또는 개수한 경우와 선박·차량 및 기계장비의 종류를 변경하거나 토지의 지목을 사실상 변경한 경우에는 그로 인하여 증가한 가액을 각각 과세표준으로 한다. 이 경우 납세의무자의 신고 또는 신고가액의 표시가 없거나 신고가액이 시가표준액보다 적을 때에는 그 시가표준액으로 한다(지방법 10 ③).

(2) 자산취득으로 과점주주가 된 경우

법인의 주식 또는 지분을 취득하여 과점주주가 됨으로써 해당 과점주주가 취득한 것으로 보는 해당 법인의 부동산 등에 대한 과세표준은 그 부동산 등의 총가액을 그 법인의 주식 또는 출자의 총수로 나눈 가액에 과점주주가 취득한 주식 또는 출자의 수를 곱한 금액을 과세표준으로 한다(지방법 10 ④).

$$\text{과세표준} = \text{법인소유 취득세 과세대상 자산총액} \times \frac{\text{과점주주가 취득한 주식 또는 출자의 수}}{\text{법인의 주식 또는 출자의수}}$$

다만, 신고 또는 신고가액의 표시가 없거나 신고가액이 과세표준액보다 적을 때에는 지방자치단체의 장이 해당 법인의 결산서 및 그 밖의 장부 등에 따른 취득세 과세대상 자산총액을 기초로 위의 계산방법으로 산출한 금액을 과세표준액으로 한다(지방법 10 ④).

제 6 절 취득세 세율은?

취득세는 표준세율로 되어 있다. 각 지방자치단체의 장은 조세로 정하는 바에 따라 취득세의 세율을 표준세율의 50% 범위에서 가감할 수 있다. 부동산 등 취득에 대한 세율은 표준세율과 중과세율로 구분할 수 있다.

1. 표준세율

취득세의 표준세율은 다음과 같다.

	구 분	표준세율
부동산취득	상속	2.8%(농지2.3%)
	상속 외의 무상취득	3.5%(비영리사업자의 취득 2.8%)
	원시취득	2.8%
	공유물의 분할, 합유물 및 총유물의 분할로 인한 취득	2.3%
	그 밖의 원인으로 인한 취득	4%(농지 3%)
주택(유상거래를 원인으로 주택을 취득한 경우)[9]	취득당시의 가액 6억원 이하인 경우	1%
	취득당시의 가액 6억원 초과 9억원 이하인 경우	2%
	취득당시의 가액 9억원 초과하는 경우	3%

9) 주택거래 정상화를 위해 취득세율을 종전 4%에서 1~3%로 인하함

2. 중과세율

별장, 골프장 등을 취득한 경우 취득세를 중과하며 그 내용은 아래와 같다.

구 분		내 용
①	사치성재산에 대한 중과(별장·골프장·고급주택·고급오락장·고급선박을 취득한 경우)	표준세율+중과기준세율(2%)의 4배
②	과밀억제권역 안 중과 (과밀억제권역 안에서 본점·주사무소의 사업용 부동산을 취득하거나 공장을 신설·증설하기 위하여 사업용 과세물건을 취득한 경우)	표준세율+중과기준세율(2%)의 2배
③	대도시안 중과 (대도시에서 법인설립, 지점설치, 부동산취득, 대도시에서 공장신설 증설)	표준세율×3배－중과기준세율(2%)×2배
④	① ③이 동시에 적용되는 경우	표준세율×3배＋중과기준세율(2%)×2배
⑤	② ③이 동시에 적용되는 경우	표준세율×3배

(1) 사치성 재산에 대한 중과

사치성 재산에 해당하는 부동산 등을 취득하는 경우 표준세율과 중과기준세율의 4배를 합한 세율을 적용하여 계산한다. 사치성 재산에 포함되는 재산은 아래와 같다(지방법 13 ⑤).

① 별장: 주거용 건축물로서 늘 주거용으로 사용하지 아니하고 휴양·피서·놀이 등의 용도로 사용하는 건축물과 그 부속토지(농어촌주택과 그 부속토지는 제외)

② 골프장[10]: 「체육시설의 설치·이용에 관한 법률」에 따른 회원제 골

프장용 부동산 중 구분등록의 대상이 되는 토지와 건축물 및 그 토지 상(上)의 입목

③ 고급주택: 주거용 건축물 또는 그 부속토지의 면적과 가액이 대통령령으로 정하는 기준을 초과하거나 해당 건축물에 67제곱미터 이상의 수영장 등 대통령령으로 정하는 부대시설을 설치한 주거용 건축물과 그 부속토지. 다만, 주거용 건축물을 취득한 날부터 30일[상속으로 인한 경우는 상속개시일이 속하는 달의 말일부터, 실종으로 인한 경우는 실종선고일이 속하는 달의 말일부터 각각 6개월(납세자가 외국에 주소를 둔 경우에는 각각 9개월)] 이내에 주거용이 아닌 용도로 사용하거나 고급주택이 아닌 용도로 사용하기 위하여 용도변경공사를 착공하는 경우는 제외.

④ 고급오락장: 도박장, 유흥주점영업장, 특수목욕장, 그 밖에 이와 유사한 용도에 사용되는 건축물 중 대통령령으로 정하는 건축물과 그 부속토지. 다만, 고급오락장용 건축물을 취득한 날부터 30일[상속으로 인한 경우는 상속개시일이 속하는 달의 말일부터, 실종으로 인한 경우는 실종선고일이 속하는 달의 말일부터 각각 6개월(납세자가 외국에 주소를 둔 경우에는 각각 9개월)] 이내에 고급오락장이 아닌 용도로 사용하거나 고급오락장이 아닌 용도로 사용하기 위하여 용도변경공사를 착공하는 경우는 제외

⑤ 고급선박: 비업무용 자가용 선박으로서 대통령령으로 정하는 기준을 초과하는 선박

(2) 과밀억제권역 안 취득 등 중과

과밀억제권역에서 아래와 같은 부동산 등을 취득하는 경우 취득세율은 표준세율에 중과기준세율(2%)의 2배를 합한 세율을 적용한다(지방법 13 ①).

---

10) 골프장은 시설을 갖추어 「체육시설의 설치·이용에 관한 법률」에 따라 체육시설업의 등록(시설을 증설하여 변경 등록하는 경우를 포함한다)을 한 것을 말함

가. 과밀억제권역에서 본점이나 주사무소의 사업용 부동산(본점이나 주사무소용 건축물을 신축하거나 증축하는 경우와 그 부속토지만 해당한다)을 취득하는 경우

나. 과밀억제권역(산업단지 · 유치지역 및 공업지역은 제외)에서 공장을 신설하거나 증설하기 위하여 사업용 과세물건을 취득하는 경우

(3) 대도시안 중과

아래 가, 나 부동산을 취득하는 경우의 취득세는 표준세율의 3배에서 중과기준세율(2%)의 2배를 뺀 세율을 적용한다. 다만, 유상거래에 의해 주택을 취득하는 경우의 취득세는 표준세율과 중과기준세율의 2배를 합한 세율을 적용한다. 사원주거용 목적 부동산을 취득하는 경우는 표준세율을 적용한다(지방법 13 ②).

가. 대도시에서 법인을 설립(휴면법인을 인수하는 경우를 포함)하거나 지점 또는 분사무소를 설치하는 경우 및 법인의 본점 · 주사무소 · 지점 또는 분사무소를 대도시로 전입함에 따라 대도시의 부동산을 취득(그 설립 · 설치 · 전입 이후의 부동산 취득을 포함한다)하는 경우

나. 대도시(유치지역 및 공업지역은 제외)에서 공장을 신설하거나 증설함에 따라 부동산을 취득하는 경우

3. 취득세율의 특례

(1) 형식적인 소유권의 취득

형식적 소유권의 취득에 대한 취득세는 표준세율에서 중과기준세율을 뺀 세율로 산출한 금액을 그 세액으로 한다. 다만, 취득물건이 대도시에서 법인 설립등과 공장 신설·증설에 따른 부동산취득에 대한 중과대상에 해당하는 경우에는 표준세율에서 중과기준세율을 뺀 세율의 3배를 적용한다(지방법 15 ①).

① 환매등기를 병행하는 부동산의 매매로서 환매기간 내에 매도자가 환매한 경우의 그 매도자와 매수자의 취득

② 상속으로 인한 취득 중 다음 어느 하나에 해당하는 취득

가. 대통령령으로 정하는 1가구 1주택 및 그 부속토지의 취득

나. 취득세의 감면대상이 되는 농지의 취득

③ 법인의 합병으로 인한 취득. 다만, 법인의 합병으로 인하여 취득한 과세물건이 합병 후에 중과세물건에 해당하게 되는 경우는 그러하지 아니하다.

④ 공유물의 분할 또는 「부동산 실권리자명의 등기에 관한 법률」에서 규정하고 있는 부동산의 공유권 해소를 위한 지분이전으로 인한 취득(등기부등본상 본인 지분을 초과하는 부분의 경우에는 제외)

⑤ 건축물의 이전으로 인한 취득. 다만, 이전한 건축물의 가액이 종전 건축물의 가액을 초과하는 경우에 그 초과하는 가액에 대하여는 그러하지 아니하다.

⑥ 이혼한 자의 재산분할청구권 행사에 따른 재산분할로 인한 취득

(2) 등기 · 등록 대상이 아닌 취득

아래에 해당하는 취득에 대한 취득세는 중과기준세율(2%)을 적용하여 계산한 금액을 그 세액으로 한다(지방법 15 ②).

① 개수로 인한 취득

② 선박·차량과 기계장비 및 토지의 가액 증가

③ 과점주주의 취득

④ 외국인 소유의 취득세 과세대상 물건(차량, 기계장비, 항공기 및 선박만 해당한다)을 임차하여 수입하는 경우의 취득(연부로 취득하는 경우로 한정)

⑤ 시설대여업자의 건설기계 또는 차량 취득

⑥ 취득대금을 지급한 자의 기계장비 또는 차량 취득

⑦ 그 밖에 레저시설의 취득

4. 중과세율 적용 사례

① 토지나 건축물을 취득한 후 5년 이내에 해당 토지나 건축물이 중과세대상에 된 경우에는 중과세율을 적용하여 취득세를 추징한다(지방법 16 ①).

② 고급주택, 별장, 골프장 또는 고급오락장용 건축물을 증축·개축 또는 개수한 경우와 일반건축물을 증축·개축 또는 개수하여 고급주택 또는 고급오락장이 된 경우에 그 증가되는 건축물의 가액에 대하여 적용할 취득세의 세율은 중과세율로 한다(지방법 16 ②).

③ 공장 신설 또는 증설의 경우에 사업용 과세물건의 소유자와 공장을 신설하거나 증설한 자가 다를 때에는 그 사업용 과세물건의 소유자가 공장을 신설하거나 증설한 것으로 보아 같은 항의 세율을 적용한다. 다만, 취득일부터 공장 신설 또는 증설을 시작한 날까지의 기간이 5년이 지난 사업용 과세물건은 제외한다(지방법 16 ③).

④ 취득한 부동산이 5년 이내에 대도시에서 법인설립과 공장 신증설에 따른 중과대상이 된 경우에는 중과세율을 적용하여 취득세를 추징한다(지방법 16 ④).

⑤ 같은 취득물건에 대하여 둘 이상의 세율이 해당되는 경우에는 그중 높은 세율을 적용한다(지방법 16 ⑤).

제 7 절 취득의 시기는 언제인가?

1. 상속 증여 등 무상승계취득

무상승계취득의 경우에는 그 계약일(상속 또는 유증으로 인한 취득의 경우에는 상속 또는 유증 개시일을 말한다)에 취득한 것으로 본다. 다만, 해당 취득물건을 등기·등록하지 아니하고 취득일부터 60일 이내에 계약이 해제된 사실이 화해조서·인낙조서·공정증서 등으로 입증되는 경우에는 취득한 것으로 보지 아니한다(지방령 20 ①).

2. 유상승계취득

(1) 사실상의 취득가격을 적용하는 경우

국가기관 등으로부터의 유상승계취득 등 다음의 경우에는 사실상의 잔금지급일에 취득한 것으로 본다(지방령 20 ② (1)).

① 국가, 지방자치단체 또는 지방자치단체조합으로부터의 취득
② 외국으로부터의 수입에 의한 취득
③ 판결문·법인장부 중 대통령령으로 정하는 것에 따라 취득가격이 증명되는 취득
④ 공매방법에 의한 취득

(2) 기타의 경우

위의 경우에 해당되지 않은 개인간의 유상승계취득의 경우 그 계약상의 잔금지급일에 취득한 것으로 본다. 계약상 잔금지급일이 명시되지 아니한 경우에는 계약일부터 60일이 경과한 날을 말한다. 다만, 해당 취득물건을 등기·등록하지 아니하고 취득일부터 60일 이내에 계약이 해제된 사실이 화해조서·인낙조서·공정증서 등으로 입증되는 경우에는 취득한 것으로 보지 아니한다(지방령 20 ② (2)).

(3) 연부로 취득

연부로 취득하는 것은 그 사실상의 연부금 지급일을 취득일로 본다.

3. 기타 취득 시기의 규정

① 건축물을 건축하여 취득하는 경우에는 사용승인서를 내주는 날(사용승인서를 내주기 전에 임시사용승인을 받은 경우에는 그 임시사용승인일을 말한다)과 사실상의 사용일 중 빠른 날을 취득일로 본다. 다만, 도시개발사업이나 정비사업(주택재개발사업 및 도시환경정비사업만 해당한다)으로 건축한 주택을 환지처분 또는 소유권 이전으로 취득하는 경우에는 환지처분 공고일의 다음 날 또는 소유권 이전 고시일의 다음 날과 사실상의 사용일 중 빠른 날을 취득일로 본다(지방령 20 ⑥).

② 주택조합이 주택건설사업을 하면서 조합원에게 귀속되지 않은 토지를 취득하는 경우에는 사용검사를 받은 날에 그 토지를 취득한 것으로 본다(지방령 20 ⑦).

③ 주택재건축조합이 주택재건축사업을 하면서 조합원에게 귀속되지 않은 토지를 취득하는 경우에는 소유권이전 고시일의 다음 날에 그 토지를 취득한 것으로 본다.

④ 매립·간척 등으로 토지를 원시취득하는 경우에는 공사준공인가일을 취득일로 본다. 다만, 공사준공인가일 전에 사용승낙이나 허가를 받은 경우에는 사용승낙일 또는 허가일을 취득일로 본다(지방령 20 ⑧).

⑤ 차량·기계장비 또는 선박의 종류변경에 따른 취득은 사실상 변경한 날과 공부상 변경한 날 중 빠른 날을 취득일로 본다(지방령 20 ⑨).

⑥ 토지의 지목변경에 따른 취득은 토지의 지목이 사실상 변경된 날과 공부상 변경된 날 중 빠른 날을 취득일로 본다. 다만, 토지의 지목변경일 이전에 사용하는 부분에 대해서는 그 사실상의 사용일을 취득일로 본다(지방령 20 ⑩).

제 8 절 취득세의 부과와 징수는 어떻게 하는가?

1. 신고 및 납부

취득세 과세물건을 취득한 자는 그 취득한 날부터 60일[상속으로 인한 경우는 상속개시일이 속하는 달의 말일부터, 실종으로 인한 경우는 실종선고일이 속하는 달의 말일부터 각각 6개월(납세자가 외국에 주소를 둔 경우에는 각각 9개월)] 이내에 그 과세표준에 세율을 적용하여 산출한 세액을 신고하고 납부하여야 한다(지방법 20 ①).

재산권과 그 밖의 권리의 취득·이전에 관한 사항을 공부에 등기하거나 등록하려는 경우에는 등기 또는 등록을 하기 전까지 취득세를 신고납부하여야 한다(지방법 20 ④).

2. 가산세와 중가산세

신고 또는 납부의무를 다하지 아니하면 산출세액 또는 그 부족세액에 무신고가산세, 과소신고가산세 및 납부불성실가산세를 가산하여 보통징수[11]의 방법으로 징수한다(지방법 21 ①).

납세의무자가 취득세 과세물건을 사실상 취득한 후 신고를 하지 아니하고 매각하는 경우에는 가산세규정에도 불구하고 산출세액에 100분의 80을 가산한 금액을 세액으로 하여 보통징수의 방법으로 징수한다(지방법 21 ②).

11) 보통징수란 세무공무원이 납세고지서를 해당 납세자에게 발급하여 지방세를 징수하는 것을 말한다.

3. 장부 등의 작성과 보존

취득세 납세의무가 있는 법인은 취득 당시의 가액을 증명할 수 있는 장부와 관련 증거서류를 작성하여 갖춰 두어야 한다. 지방자치단체의 장은 취득세 납세의무가 있는 법인이 이러한 의무를 이행하지 아니하는 경우에는 산출된 세액 또는 부족세액의 100분의 10에 상당하는 금액을 징수하여야 할 세액에 가산한다(지방법 22의2).

4. 취득세의 면세점

취득가액이 50만원 이하일 때에는 취득세를 부과하지 않는다(지방법 17 ①).

제 2 편

부동산 취득과 국세

제 1 장 상속세
제 2 장 증여세

CHAPTER

01 상속세

제1절 상속세란 무엇인가?

1. 상속세의 의의

상속세는 사망(실종신고포함)을 원인으로 하여 사망자(피상속인)의 재산을 무상으로 취득하는 경우 그 취득재산의 가액에 대하여 상속인에게 과세하는 세금이다.

상속세는 피상속인의 유산총액을 기준으로 과세하고 있으며, 각 상속인은 각자가 받았거나 받을 재산을 한도로 하여 공동으로 상속세를 납부하여야 한다.

2. 상속과 관련된 용어

상속과 관련된 주요 용어 및 그 내용은 아래와 같다.

① 피상속인: 사망 또는 실종 선고를 받은 사람

② 상속인: 재산을 상속받은 사람

③ 상속개시일: 사망일 또는 실종선고일

④ 유　증: 유언에 의해 재산이 무상 증여되는 것을 말함

⑤ 사인증여: 계약에 의해 자연인이 사후에 재산을 무상증여하는 것
⑥ 특별연고자에 대한 분여: 상속인의 존부가 분명하지 않고 상속권을 주장하는 자가 없는 때에는 가정법원이 피상속인과 생계를 같이 하고 있었던 자, 피상속인의 요양간호를 한 자, 기타 피상속인과 특별한 연고가 있었던 자에게 상속재산의 전부 또는 일부를 분여

3. 상속의 순위

상속은 재산의 무상이전에 의한 승계이다. 상속이 개시된 후 상속자격을 가진 사람이 많은 경우 누가 상속받을 것인가에 대한 다툼이 있을 수 있다. 이러한 경우 상속자격의 우선순위, 즉 상속순위를 법률로 규정하고 있다.[12)]

그 순위를 보면 아래와 같다.

1순위	직계비속, 배우자	항상 상속인이 된다.
2순위	직계존속, 배우자	직계비속이 없는 경우 상속인이 된다.
3순위	형제자매	1, 2순위가 없는 경우 상속인이 된다.
4순위	4촌 이내의 방계혈족	1, 2, 3순위가 없는 경우 상속인이 된다.

법정상속인의 결정에 있어서 같은 순위의 상속인이 여러 명인 경우에는 촌수가 가장 가까운 상속인을 우선순위로 하며, 촌수가 같은 상속인이 여러 명인 경우에는 공동상속인이 된다. 예를 들어 피상속인의 직계비속으로 자녀 2인과 손자녀 2인이 있는 경우 자녀 2인이 공동상속인이 되며 손자녀는 법정상속인이 되지 못한다.

배우자는 1순위인 직계비속과 같은 순위로 공동상속인이 되며, 직계비속이 없는 경우에는 2순위인 직계존속과 공동상속인이 된다. 만약 직계비속과 직계존속이 모두 없는 경우에는 배우자가 단독상속인이 된다. 상속순위를 결정할 때 태아는 이미 출생한 것으로 본다.

12) 민법 제1000조

4. 상속재산의 분할

상속재산의 분할이란 공동상속인 별로 상속분에 따라 그 재산을 각각 확정시키는 것을 말한다.

피상속인은 유언에 의하여 공동상속인의 상속분을 지정할 수 있으며(유언상속), 유언상속이 없는 경우에는 공동상속인이 협의하여 분할하거나 민법에 규정된 법정상속분에 따라 상속재산을 분할한다.

(1) 지정상속분

피상속인의 유언에 의해 상속인의 상속분을 지정할 수 있다. 그러므로 피상속인은 지정상속에 의해 상속인으로 하여금 법정상속분에 우선하여 상속재산을 취득하게 할 수 있다.

피상속인의 유언만으로 상속재산을 분할 할 경우 일부 상속인의 경우 생활의 안정을 침해받을 수 있어 이를 보호하기 위한 제도가 필요하며 이를 유류분 제도라 한다.

유류분제도[13]란 일부 상속인을 위하여 최소한의 상속분을 법으로 정한 제도이다. 만약 유류분권리자가 권리에 미치지 못하는 상속재산을 상속받은 경우 유류분에 해당하는 상속재산 만큼 재산의 반환을 청구할 수 있다.

유류분권리자는 피상속인의 직계비속, 배우자, 직계존속 및 형제자매이며 태아도 살아서 출생하면 직계비속으로서 유류분을 가진다.[14]

상속인의 유류분 비율은 다음과 같다.

① 피상속인의 배우자: 법정상속분의 2분의 1

② 피상속인의 직계비속: 법정상속분의 2분의 1

③ 피상속인의 직계존속: 법정상속분의 3분의 1

④ 피상속인의 형제자매: 법정상속분의 3분의 1

---

13) 민법 제1115조
14) 민법 제1112조

(2) 법정상속분[15)]

상속분이란 공동의 상속인이 있을 경우 각각의 상속인에게 귀속되는 상속재산을 말하며 전체의 상속재산에 대하여 1/2, 1/3과 같이 비율에 의해 표시된다.

가. 같은 순위 상속인 사이의 상속분

같은 순위의 상속인이 여러 명인 때에는 그 상속분은 동일하다.

나. 배우자 상속분의 가산

배우자의 상속분은 직계비속과 공동으로 상속하는 때에는 직계비속의 상속분에 5할을 가산하고, 직계존속과 공동으로 상속하는 때에는 직계존속의 상속분에 5할을 가산한다.

다. 법정상속분의 예시

<table>
<tr><th rowspan="2">구 분</th><th rowspan="2">상속인</th><th colspan="2">상속인</th></tr>
<tr><th>상속분</th><th>배분율</th></tr>
<tr><td rowspan="3">피상속인의
자녀 및
배우자가
있는 경우</td><td>장남·배우자만 있는 경우</td><td>장남 1
배우자 1.5</td><td>2/5
3/5</td></tr>
<tr><td>장남·장녀(미혼)
배우자가 있는 경우</td><td>장남 1
장녀 1
배우자 1.5</td><td>2/7
2/7
3/7</td></tr>
<tr><td>장남·장녀(출가)
2남, 2녀
배우자가 있는 경우</td><td>장남 1
장녀 1
2남 1
2녀 1
배우자 1.5</td><td>2/11
2/11
2/11
2/11
3/11</td></tr>
<tr><td colspan="2">피상속인의 자녀가 없고 배우자 및
직계존속(부·모)이 있는 경우</td><td>부 1
모 1
배우자 1.5</td><td>2/7
2/7
3/7</td></tr>
</table>

15) 민법 제1009조

5. 상속인의 결격사유

다음 중 어느 하나에 해당한 자는 상속인이 되지 못한다.[16)]

① 고의로 직계존속, 피상속인, 그 배우자 또는 상속의 선순위나 동순위에 있는 자를 살해하거나 살해하려 한 자

② 고의로 직계존속, 피상속인과 그 배우자에게 상해를 가하여 사망에 이르게 한 자

③ 사기 또는 강박으로 피상속인의 상속에 관한 유언 또는 유언의 철회를 방해한 자

④ 사기 또는 강박으로 피상속인의 상속에 관한 유언을 하게 한 자

⑤ 피상속인의 상속에 관한 유언서를 위조·변조·파기 또는 은닉한 자

6. 상속세의 과세방법

상속세의 과세방법은 유산과세형과 취득과세형으로 나눌 수 있다.

유산과세형은 피상속인의 유산전체를 대상으로 누진세율을 적용하여 상속세를 계산한 후 각 상속인의 상속지분에 따라 안분하여 각 상속인이 부담할 상속세를 계산한다.

취득과세형은 상속인의 유산취득가액을 과세대상으로 한다. 즉 상속인이 여러명일 경우 상속재산을 상속분에 따라 분할하고 분할된 재산을 과세대상으로 하여 초과누진세율을 적용하는 것이다.

유산과세형과 취득과세형을 비교하면 아래와 같다.

16) 민법 제1004조

	유산과세형	취득과세형
과세방법	피상속인의 유산자체를 대상으로 과세 *공동상속의 경우 분할되지 아니한 유산총액을 대상으로 누진세율 적용	상속인의 취득재산가액을 과세대상으로 함 *공동상속의 경우 분할된 각자의 몫을 대상으로 누진세율적용
납세의무자	피상속인의 인격대표자	각 상속인
대표적인 입법례	미국, 영국, 우리나라	독일, 일본

제 2 절 상속세의 과세대상은?

1. 상속세 과세대상

상속세는 상속개시일 현재의 상속재산에 부과한다. 상속에는 유증, 사인증여 및 특별연고자에 대한 상속재산의 분여금액을 포함한다.

가. 거주자[17]가 사망한 경우: 거주자의 모든 상속재산

나. 비거주자가 사망한 경우: 국내에 있는 비거주자의 모든 상속재산

2. 상속세의 납세의무자

(1) 납세의무자

상속세의 납세의무자는 아래와 같다.

- 상속인
- 사전증여를 받은 자 등이 상속을 포기한 자
- 특별연고자
- 유증을 받은 자
- 사인증여를 받은 자

(2) 상속세 부담비율

상속인(상속을 포기한 사람 및 특별연고자를 포함) 또는 수유자(사망으로 인하여 효력이 발생하는 증여에 의하여 재산을 취득하는 자를 포함)는 이 법에 따라 부과된 상속세에 대하여 상속재산 중 각자가 받았거나 받을 재산을 기준으로 계산한 비율에 의하여 상속세를 납부할 의무가 있다. 다만, 특별연고자 또는 수유자가 영리법인인 경우에는 그 영리법인이 납부할 상속세를 면제하되,

17) 거주자란 국내에 주소를 두거나 1년이상 거소를 둔 자를 말하며 비거주자란 거주자가 아닌자를 말한다(상증법 제1조 1항 1호).

그 영리법인의 주주 또는 출자자 중 상속인과 그 직계비속이 있는 경우에는 지분상당액의 상속세를 상속인 및 직계비속이 납부할 의무가 있다.

(3) 연대납세의무

상속세는 상속인 또는 수유자 각자가 받았거나 받을 재산을 한도로 연대하여 납부할 의무를 진다.

3. 상속세의 과세관할

상속세는 상속개시지를 관할하는 세무서장이 관할하며 상속개시지는 피상속인의 주소지이다. 주소지가 없거나 분명하지 않은 경우에는 거소지로 한다.

다만, 상속개시지가 국외인 경우에는 상속재산 소재지를 관할하는 세무서장이 과세하고, 상속재산이 둘 이상의 관할구역에 있을 경우에는 주된 재산의 소재지를 관할하는 세무서장이 과세한다.

제 3 절 상속세 과세가액의 계산은 어떻게 하는가?

1. 상속세의 과세구조

상속세는 다음과 같이 계산한다.

	총상속재산가액	
−	공과금·장례비용·채무 등	
+	증여재산가산액	
=	상속세 과세가액	
−	상속공제	
−	감정평가수수료공제	
=	상속세 과세표준	
×	세율	10%~50%의 5단계 초과누진세율
=	상속세 산출세액	
−	징수유예세액, 세액공제액	
=	신고납부세액	
−	연부연납, 물납세액	
=	자진납부세액	

2. 총상속재산가액

(1) 총상속재산가액의 범위

상속재산에는 피상속인에게 귀속되는 재산으로서 금전으로 환산할 수 있는 경제적 가치가 있는 모든 물건과 재산적 가치가 있는 법률상 또는 사실상의 모든 권리를 포함한다. 상속재산 중 피상속인에게 속하는 것으로서 피상속인의 사망으로 인하여 소멸되는 것은 제외한다.

총상속재산가액[18]은 본래의 상속재산과 간주상속재산 및 추정상속재산을 포함한다.

총상속재산가액 = 본래의 상속재산+추정·간주 상속재산

(2) 본래의 상속재산

본래의 상속재산이란 상속개시일 현재 피상속인이 소유하고 있던 재산이다.

① 금전으로 환가할 수 있는 경제적 가치가 있는 물건

② 재산적 가치가 있는 법률상 또는 사실상의 권리

(3) 추정·간주 상속재산

추정·간주 상속재산이란 상속, 유증 및 사인증여라는 법률상 원인에 의해 취득한 재산이 아니라도 상속 등에 의한 재산취득과 동일한 경우 상속재산으로 본다. 다음의 추정·간주 상속재산의 경우에 상속재산으로 보아 상속세를 과세한다.

1) 추정상속재산

피상속인이 재산을 처분하였거나 채무를 부담하고 아래에 해당하는 경우 이를 상속인이 상속받은 것으로 추정하여 상속세 과세가액에 포함한다.

① 피상속인의 재산을 처분하여 받거나 피상속인의 재산에서 인출한 금액이 재산종류별로 사망하기 전 1년 이내에 2억원 이상인 경우와 사망하기 전 2년 이내에 5억원 이상인 경우로서 용도가 객관적으로 명백하지 아니한 경우

② 피상속인이 부담한 채무의 합계액이 사망하기 전 1년 이내에 2억원 이상인 경우와 2년 이내에 5억원 이상인 경우로서 용도가 객관적으로 명백하지 아니한 경우

위 ①에서 자산종류별이란 다음과 같이 분류할 수 있다.

---

18) 총상속재산가액이 상속세과세대상이다.

가. 현금·예금 및 유가증권
나. 부동산 및 부동산에 관한 권리
다. 이외 기타자산

용도가 객관적으로 명백하지 않은 경우란 다음 중 어느 하나에 해당되는 경우를 말한다.

가. 피상속인이 재산을 처분하여 받은 금액이나 피상속인의 재산에서 인출한 금전 등 또는 채무를 부담하고 받은 금액을 지출한 거래상대방이 거래증빙을 갖추고 있지 않아 확인되지 아니하는 경우
나. 거래상대방이 금전 등의 수수사실을 부인하거나 거래상대방의 재산상태 등으로 보아 금전 등의 수수사실이 인정되지 아니하는 경우
다. 거래상대방이 피상속인의 특수관계인으로서 사회통념상 지출사실이 인정되지 아니하는 경우
라. 피상속인이 재산을 처분하거나 채무를 부담하고 받은 금전 등으로 취득한 다른 재산이 확인되지 아니하는 경우
마. 피상속인의 연령·직업·경력·소득 및 재산상태 등으로 보아 지출사실이 인정되지 아니하는 경우

위 ①, ②의 경우 상속세 과세가액에 포함될 금액의 계산방법은 아래와 같다.

용도가 객관적으로 명백하지 아니한 금액 즉 용도불명금액이란 재산의 처분이나 인출 또는 채무부담에 의한 금액에서 그 사용처 등 용도가 입증된 금액을 차감하여 계산한다.

상속세 과세가액에 포함될 금액
= 용도불명금액 − [처분재산가액 또는 부담채무액의 20% 상당액과 2억원 중 적은 금액]

2) 간주상속재산

본래 상속재산이 아니더라도 상속재산으로 보는 것으로서 그 내용은 아래와 같다.

① 피상속인의 사망으로 인하여 받게 되는 생명보험금 또는 손해보험금

피상속인의 사망으로 인하여 받는 생명보험 또는 손해보험의 보험금으로서 피상속인이 보험계약자인 보험계약에 의하여 받는 것은 상속재산으로 본다. 보험계약자가 피상속인이 아닌 경우에도 피상속인이 실질적으로 보험료를 납부하였을 때에는 피상속인을 보험계약자로 보아 상속재산으로 본다.

② 피상속인이 신탁한 재산과 신탁으로 인하여 피상속인이 받는 이익

가. 피상속인이 신탁한 재산은 상속재산으로 본다. 다만, 타인이 신탁의 이익을 받을 권리를 소유하고 있는 경우 그 이익에 상당하는 가액(價額)은 상속재산으로 보지 아니한다.

나. 피상속인이 신탁으로 인하여 타인으로부터 신탁의 이익을 받을 권리를 소유하고 있는 경우에는 그 이익에 상당하는 가액을 상속재산에 포함한다.

③ 피상속인의 사망으로 인하여 지급받는 퇴직금 등

피상속인에게 지급될 퇴직금, 퇴직수당, 공로금, 연금 또는 이와 유사한 것이 피상속인의 사망으로 인하여 지급되는 경우 그 금액은 상속재산으로 본다. 다만, 국민연금법, 공무원연금법의 유족연금, 반환일시금 등에 해당하는 것은 상속재산으로 보지 아니한다.

3. 상속세 비과세

다음의 상속재산은 상속세를 과세하지 아니한다.

① 전사자 등에 대한 상속세 비과세

전사 및 이에 준하는 사망 또는 전쟁 및 이와 유사한 공무로 사망한 경우 피상속인의 모든 재산에 대하여 상속세를 부과하지 아니한다.

② 기타 비과세되는 상속재산

가. 국가, 지방자치단체, 기타 공공단체에 유증한 재산

나. 문화재보호구역 안의 토지

다. 분묘[19]에 속한 9,900㎡ 이내의 금양임야[20]와 1,980㎡ 이내의 묘토인 농지, 족보와 제구. 금양임야와 묘토의 합계액은 2억원을 한도로 하며 족보와 제구는 1,000만원을 한도로 한다.

라. 정당에 유증 등을 한 재산

마. 사내근로복지기금 등 유사한 단체에 유증 등을 한 재산

바. 사회통념상 인정되는 이재민구호금품, 치료비 등을 위하여 유증 등을 한 재산

사. 상속재산 중 상속인이 상속세 과세표준 신고기한 이내에 국가, 지방자치단체 또는 공공단체에 증여한 재산

4. 상속세 과세가액불산입

다음의 상속재산은 상속세과세가액에 산입하지 않는다.

① 공익법인 등의 출연재산에 대한 상속세 과세가액 불산입

상속재산 중 피상속인이나 상속인이 종교·자선·학술 또는 그 밖의 공익을 목적으로 하는 사업을 하는 자(이하 “공익법인 등”이라 한다)에게 출연한 재산의 가액으로서 과세표준 신고기한(상속받은 재산을 출연하여 공익법인 등을 설립하는 경우로서 부득이한 사유가 있는 경우에는 그 사유가 없어진 날이 속하는 달의 말일부터 6개월까지를 말한다) 이내에 출연한 재산의 가액은 상속세 과세가액에 산입하지 아니한다.

---

19) 피상속인이 제사를 주재하고 있던 선조의 묘소

20) 나무나 풀 따위를 함부로 베지 못하도록 되어 있는 임야. 제사 또는 이에 관계되는 사항을 처리하기 위하여 설정된 토지를 말함

② 공익신탁재산에 대한 상속세 과세가액 불산입

상속재산 중 피상속인이나 상속인이 공익신탁으로서 종교·자선·학술 또는 그 밖의 공익을 목적으로 하는 신탁을 통하여 공익법인 등에 출연하는 재산의 가액은 상속세 과세가액에 산입하지 아니한다.

5. 상속세과세가액

거주자[21]의 사망으로 인하여 상속이 개시되는 경우 상속세 과세가액은 상속재산가액에서 공과금 등을 차감한 후 증여재산가액을 가산하여 계산한다.

	총상속재산가액
−	공과금·장례비용·채무 등
+	증여재산가산액
=	상속세 과세가액

(1) 상속재산가액에서 차감하는 공과금 등의 범위

1) 공과금

상속개시일 현재 피상속인이 납부할 의무가 있는 것으로서 상속인에게 승계된 조세·공공요금·기타 이와 유사한 것을 말한다.

2) 장례비용

다음 금액을 합한 금액으로 한다.

---

21) 비거주자의 사망으로 인하여 상속이 개시되는 경우에는 다음 각 호의 가액 또는 비용은 상속재산의 가액에서 뺀다.
1. 해당 상속재산에 관한 공과금
2. 해당 상속재산을 목적으로 하는 유치권, 질권, 전세권, 임차권(사실상 임대차계약이 체결된 경우를 포함한다), 양도담보권·저당권 또는 「동산·채권 등의 담보에 관한 법률」에 따른 담보권으로 담보된 채무
3. 피상속인의 사망 당시 국내에 사업장이 있는 경우로서 그 사업장에 갖춰 두고 기록한 장부에 의하여 확인되는 사업상의 공과금 및 채무

① 피상속인의 사망일부터 장례일까지 장례에 직접 소요된 금액을 공제한다. 다만 그 금액이 1,000만원을 초과하면 1,000만원까지만 공제하며, 그 금액이 500만원에 미달하여도 500만원을 공제한다.

② 봉안시설의 사용에 소요된 금액을 공제한다. 다만 그 금액이 500만원을 초과하면 500만원까지만 공제한다.

3) 채 무

상속개시당시 피상속인이 부담하여야 할 채무로서 상속인이 실제로 부담하는 사실이 다음의 방법에 의하여 입증되는 것을 말한다.

① 국가, 지방자치단체 및 금융기관에 대한 채무는 당해 기관에 대한 채무임을 확인할 수 있는 서류

② 기타의 채무는 채무부담계약서, 채권자확인서, 담보설정 및 이자지급에 관한 증빙 등에 의하여 그 사실을 확인할 수 있는 서류

만약 피상속인이 국가, 지방자치단체 및 금융회사 등이 아닌 자에 대하여 부담한 채무로서 상속인이 변제할 의무가 없는 것으로 추정되는 경우에는 이를 상속세 과세가액에 산입힌다.

(2) 사전증여재산

현행 상속세 및 증여세법에서는 사전증여를 통하여 상속세를 회피하지 못하도록 하기 위하여 다음에 해당하는 증여재산가액은 상속재산가액에 가산하고 있다. 합산하는 증여재산가액은 증여일 현재의 가액으로 하며 합산되는 증여재산에 대한 증여세액은 산출세액에서 공제한다.

① 상속개시일 전 10년 이내에 피상속인이 상속인에게 증여한 재산가액

② 상속개시일 전 5년 이내에 피상속인이 상속인이 아닌 자에게 증여한 재산가액

③ 상속개시일 전에 피상속인이 자녀에게 창업자금으로 증여한 재산가액

④ 상속개시일 전에 피상속인이 자녀에게 가업승계 주식 등을 증여한 재산가액

쉬어가는 코너[22] 상속세를 절감할 수 있는 병원비 계산방법

요즘은 대부분 병원에서 사망한다. 의학의 발달로 인해 생명이 연장되어 장기간 입원치료 후 사망하는 경우가 많고 따라서 적지 않은 병원비가 청구된다. 이때 대부분 자녀들이 병원비를 부담한다, 부모의 재산이 많은 경우에도 마찬가지이다. 병원비를 부담하는 것이 효도하는 것이라고 생각하는 우리나라의 정서 때문일 것이다. 그러나 상속세의 절감이라는 측면에서만 본다면 부모의 재산으로 병원비를 내는 것이 유리하다. 아무리 많은 치료비를 자녀가 지불했더라도 상속재산에서 전혀 공제받지 못하기 때문이다. 만약 치료 중 지급하는 병원비를 부모재산으로 낸다면 상속재산이 줄어든다. 또한 사망일 까지 지급하지 않은 병원비는 사망자의 부채가 되어 상속재산에서 차감되어 상속세를 절감할 수 있다. 상속세법은 상속개시, 즉 사망당시 피상속인의 확정된 부채는 상속세를 계산할 때 상속재산에서 차감하도록 규정하고 있기 때문이다.

상속세를 부담하는 자녀가 근로소득자라면 연말정산에 의해 소득세를 절감 할 수 있다. 작년까지는 부양가족인 부모의 병원비를 자녀가 부담했을 경우 총급여액의 3%를 초과하는 의료비를 소득에서 공제할 수 있었다. 병원비지출에 의해 근로소득금액이 낮아져 상대적으로 낮은 소득세율을 적용하여 세금을 계산하는 것이다. 올해부터 개정된 세법에 의하면 의료비공제는 다음과 같이 달라진다. 총급여액의 3%를 초과하는 의료비를 지출한 경우 지출액의 15%를 세금에서 차감할 수 있다. 배우자 또는 자녀를 위해 지출한 의료비라면 연간 700만원까지 차감할 수 있으나 연로하신 부모님을 위해 지출한 의료비라면 세금에서 차감하는 금액이 700만원 이상이라도 가능하다. 개정전 의료비공제와 차이점은 의료비지출액이 소득에서 차감되지 않아 상대적으로 높은 세율을 적용하여 소득세를 계산한 후, 의료비 지출액의 15%만큼을 세금에서 차감하는 것이다.

자녀가 근로소득자가 아닌 사업자라면 의료비공제를 받을 수 없으므로 상속세절감을 위해서 부모의 재산으로 병원비를 내는 것이 유리할 것이다.

예를 들어 장기간의 입원진료로 인해 병원비가 5천만원이며 아버지가 상속해야 하는 자산이 30억이라고 가정하자. 어머니가 생존해 계시고 자녀가 둘이 있을 때 병원비를 아버지의 재산으로 계산하거나 혹은 돌아가실 때까지 지급하지 않았을 경우가 있다. 또 다른 경우는 병원비 전액을 자녀가 지급했을 때이다. 상속세 차이는 얼마일까?

총상속재산 50억에서 장례비와 최소 공제가능한 일괄공제 5억, 배우자 공제 5억을 차감하면 39억여원이며 세율 50%적용하여 납부할 세액은 6억 3천 8백만원이다. 그러나 병원비를 아버지의 재산 혹은 돌아가신 후 납부하였다면 납부할 세액은 6억 1천 8백만원이다. 따라서 차액은 2천만원에 이른다. 이 차이는 병원비가 많고 상속할 재산이 많을수록 크다.

22) 저자의 기고로 매일신문 2014.2월에 연재되었던 내용입니다.

연 습 문 제

객관식 문제

1. 상속세 및 증여세법상 상속세의 과세대상 및 납세의무에 관한 설명으로 옳은 것은? 2011 9급 세무직

① 상속재산에는 피상속인의 일신에 전속하는 것으로 피상속인의 사망으로 인하여 소멸되는 것도 포함된다.

② 피상속인의 사망으로 인하여 지급받는 생명보험의 보험금으로서 피상속인이 보험계약자인 보험계약에 의하여 지급받는 것은 상속재산에서 제외된다.

③ 수유자가 영리법인인 경우에는 상속세를 납부할 의무가 있다.

④ 비거주자가 사망한 경우에는 상속개시일 현재 국내에 있는 비거주자의 모든 상속재산에 대하여 상속세를 부과한다.

2. 상속세 및 증여세법상 상속세에 관한 설명으로 옳지 않은 것은? 2013 9급 세무직

① 상속인 또는 수유자는 각자가 받았거나 받을 재산을 한도로 연대하여 상속세를 납부할 의무를 진다.

② 피상속인이 신탁한 재산은 상속재산으로 보지만, 타인이 신탁의 이익을 받을 권리를 소유하고 있는 경우 그 이익에 상당하는 가액은 상속재산으로 보지 아니한다.

③ 상속개시일 전 10년 이내에 피상속인이 상속인이 아닌 자에게 진 증여채무는 상속재산의 가액에서 빼지 아니한다.

④ 피상속인의 사망으로 인하여 받는 생명보험의 보험금으로서 피상속인이 보험계약자인 보험계약의 의하여 받는 것은 상속재산으로 본다.

주관식 문제

1. 다음 자료를 참조하여 상속세 재산가액에 포함될 금액을 계산하라.

> (ㄱ) 피상속인의 상속개시 당시 재산가액: 10억원
> (ㄴ) 상속개시 8개월 전에 피상속인이 은행으로부터 4억원을 차입하였고 상속개시 당시까지 미상환 중이며, 해당 차입자금의 용도는 객관적으로 명백하지 아니하다.
> (ㄷ) 상속개시 2년 전에 피상속인은 당시 시가 3억원의 토지(상속개시 당시의 시가 7억원)를 상속인에게 증여한 바 있다.

2. 김유산씨가 2014년 7월 1일 사망하여 상속이 개시되었는 데 김유산씨가 상속개시 전에 처분한 계산의 자료는 다음과 같다. 이를 토대로 상속재산가액에 가산할 금액을 계산하라.

(단위: 원)

구 분	시 기	받은 금액	용도불명금액
토지매각	2013.12.5	300,000,000	100,000,000
건물매각	2012.12.5	230,000,000	100,000,000
채권매각	2012.11.8	200,000,000	200,000,000

3. 다음은 2014년 10월 1일에 사망한 거주자 김한국씨의 상속세 과세표준 계산과 관련된 자료이다. 상속세 과세가액을 계산하라.(단위: 원)

> ① 상속재산
> 토지와 건물: 3,000,000,000
> ② 보험금: 50,000,000
> ③ 채무: 은행차입금: 200,000,000
> ④ 장례비용: 7,000,000(봉안시설을 사용하지 않았으며 모두 증빙을 갖추었다)
> ⑤ 상속재산 평가를 위한 감정평가수수료: 6,000,000

제 4 절 상속세 과세표준은?

상속세 과세가액에서 상속공제와 감정평가수수료를 차감하여 과세표준을 계산한다.

상속세 과세가액	
− 상속공제액	인정공제와 물적공제
− 감정평가수수료공제	
= 상속세 과세표준	

상속공제는 인적공제와 물적공제로 구분된다. 인적공제란 기초공제, 배우자 상속공제, 기타공제 및 일괄공제를 말한다. 물적공제는 금융재산상속공제, 재해손실공제, 동거주택상속공제, 가업상속공제, 영농상속공제이다.

1. 인적공제

(1) 기초공제

거주자나 비거주자의 사망으로 상속이 개시되는 경우에는 상속세 과세가액에서 2억원을 공제한다.

(2) 배우자 상속공제

가. 상속받은 금액이 5억원 미만인 경우

배우자가 상속받은 금액이 없거나 상속받은 금액이 5억원 미만인 경우에는 5억원을 공제한다.

따라서 피상속인의 배우자가 생존해 있는 경우에는 최소 5억원을 공제하는 것이다.

나. 상속받은 금액이 5억원 이상인 경우

배우자가 실제 상속받은 금액을 공제하되, 다음 산식에 의하여 계산한 금액을 한도(30억원)로 한다.

배우자공제(①, ② 중 작은 금액)

① 실제로 상속받은 금액

② 배우자 공제 한도액(가, 나 중 작은 금액)

가. [상속재산의 가액(기준금액)×배우자 법정상속지분]−배우자에게 상속개시전 10년 내 증여한 재산에 대한 과세표준

나. 30억원

배우자 공제 한도액 중 상속재산의 가액, 즉 기준금액은 아래와 같다.

상속재산의 가액(기준금액)
= 총상속재산가액
−상속인 외의 자가 유증받은 재산
−비과세·불산입 상속재산(공익법인출연, 공익신탁재산)
−공과금·채무(장례비용은 차감하지 않음)
+합산기간 이내에 상속인이 증여받은 합산대상 증여재산

등기 등을 요하는 재산의 경우는 상속세 결정기한(신고기한으로부터 6월)까지 분할등기를 하고 배우자 상속재산으로 신고해야 한다.

(3) 기타 인적 공제

거주자의 사망으로 상속이 개시되는 경우로서 다음 어느 하나에 해당하는 경우에는 해당 금액을 상속세 과세가액에서 공제한다. 배우자공제를 포함한 기타인적공제는 서로 중복하여 적용받을 수 없다. 다만 자녀공제와 미성년자 공제, 장애인공제와 배우자상속공제 또는 기타인적공제는 합산하여 공제할 수 있다.

기타공제	공제대상자	공제액	비 고
자녀공제	자녀	1명당 3,000만원	
미성년자공제	상속인 및 동거가족 중 미성년자	미성년자 1명당 500만원×20세에 달하기까지의 연수	배우자제외
연로자공제	상속인 및 동거가족 중 60세 이상인 사람	1명당 3,000만원	배우자제외
장애인공제	상속인 및 동거가족 중 장애인	장애인 1명당 500만원	배우자포함

1) 자녀공제

자녀 1인당 3천만원을 공제한다.

나이나 동거여부와는 무관하며 인원 제한도 없다.

2) 미성년자공제

배우자를 제외한 상속인 및 상속개시 당시 피상속인과 동거하던 가족[23] 중 20세 미만인 자에 대하여 공제하며 동거가족이란 피상속인이 사실상 부양하고 있는 직계존비속(배우자의 직계존비속 포함) 및 형제자매를 말한다.

500만원에 20세에 달하기까지의 연수를 곱하여 계산한 금액을 공제한다.

3) 연로자공제

배우자를 제외한 상속인 및 상속개시 당시 피상속인과 동거하던 가족 중 60세 이상인 자에 대하여 공제하며 1인당 3천만원을 공제한다.

4) 장애자 공제

배우자를 포함한 상속인 및 상속개시 당시 피상속인과 동거하던 가족 중 장애자에 대하여 공제하며 500만원에 75세에 달하기까지의 연수를 곱하

23) 동거가족은 상속개시일 현재 피상속인이 사실상 부양하고 있는 직계존비속(배우자의 직계존속을 포함한다) 및 형제자매를 말한다.

여 계산한 금액을 공제한다.

(4) 일괄공제

기초공제 2억원과 기타 인적공제의 합계금액을 항목별로 공제받는 대신에 일괄적으로 5억원을 공제할 수도 있다. 상속세 과세표준신고가 없는 경우에는 무조건 5억원을 공제한다.

다만, 배우자 단독상속의 경우에는 일괄공제를 적용받을 수 없다.

기초공제(2억원) + 기타인적공제
일괄공제(5억원)
→ 선택가능

2. 물적공제

(1) 금융재산 상속공제

거주자의 사망으로 상속이 개시되는 경우로서 상속재산 중에 금융기관이 취급하는 예금·적금·금전신탁·보험금·출자금 등 금융자산이 포함되어 있는 경우에는 아래의 금액을 공제하되 그 금액이 2억원을 초과하면 2억원을 공제한다.

순금융재산가액 = 금융재산 − 금융부채

순금융재산가액	금융재산 상속공제액
2천만원 이하	당해 순금융재산가액
2천만원 초과 1억원 이하	2천만원
1억원 초과	순금융재산가액×20%(2억원 한도)

금융재산에는 최대주주 또는 최대출자자[24]가 보유하고 있는 주식이나 출자지분은 포함되지 아니한다.

(2) 재해손실공제

사망으로 상속이 개시되는 경우로서 상속세 신고기한 이내에 화재, 붕괴, 폭발, 환경오염, 자연재해 등 재난으로 인하여 상속재산이 멸실되거나 훼손된 경우에는 그 손실가액을 상속세 과세가액에서 공제한다. 다만, 그 손실가액에 대한 보험금 등의 수령 또는 구상권 등의 행사에 의하여 그 손실가액에 상당하는 금액을 보전받을 수 있는 경우에는 그러하지 아니하다(상증법 23조 ①).

(3) 동거주택 상속공제

거주자의 사망으로 상속이 개시되는 동거주택은 상속주택가액(주택부수토지의 가액을 포함)의 100분의 40에 상당하는 금액을 상속세 과세가액에서 공제한다. 다만, 그 공제할 금액은 5억원을 한도로 한다.

상속공제	동거주택상속공제의 공제금액의 계산
동거주택상속공제	①, ②중 작은 금액 ① 주택가액(주택부수토지가액 포함)×40% ② 한도: 5억원

상속공제 대상이 되는 동거주택은 다음의 요건을 갖추어야 한다(상증법 23의2 ①, 상증령 20의2 ①).

가. 피상속인과 상속인(직계비속인 경우로 한정하며, 이하 이 조에서 “상속인”이라 한다)이 상속개시일부터 소급하여 10년 이상(이하 이 조에서 “동거주택 판정기간”이라 한다) 계속하여 하나의 주택에서 동거할 것

나. 피상속인과 상속인이 동거주택 판정기간에 계속하여 1세대를 구성하면서 1세대 1주택에 해당할 것. 이 경우 상속개시일 현재 1세대 1

24) 최대주주 또는 최대출자자란 주주등 1인과 그의 특수관계인의 보유주식 등을 합하여 그 합계가 가장 많은 경우의 해당 주주 등 1인과 그의 특수관계인 모두를 말한다.

주택인 경우로서 동거주택 판정기간 중 무주택인 기간이 있는 경우에는 해당 기간은 1세대 1주택에 해당하는 기간에 포함한다.

다. 상속개시일 현재 무주택자로서 피상속인과 동거한 상속인이 상속받은 주택일 것

징집, 취학, 근무상의 형편 또는 질병의 요양의 사유에 해당하여 동거하지 못한 경우에는 동거한 것으로 보되, 그 동거하지 못한 기간은 동거기간에는 산입하지 않는다.

(4) 가업상속공제와 영농상속공제

1) 가업상속공제

가업상속이란 피상속인이 10년 이상 계속 영위한 조세특례제한법상 중소기업 또는 규모의 확대 등으로 중소기업에 해당하지 아니하게 된 기업(상속이 개시되는 사업연도의 직전 사업연도의 매출액이 3천억원 이상인 기업 및 상호출자제한기업집단 내 기업은 제외함) 재산을 당해 사업에 종사하는 상속인(상속개시일 현재 18세 이상으로서 2년 이상 가업에 종사한 자 등)이 상속받는 경우를 말한다. 이 경우 가업상속재산가액[25]에 상당하는 금액을 공제받는다. 다만, 그 금액이 200억원을 초과하는 경우에는 200억원을 한도로 하되, 피상속인이 15년 이상 계속하여 경영한 경우에는 300억원, 피상속인이 20년 이상 계속하여 경영한 경우에는 500억원을 한도로 한다.

가업은 피상속인이 중소기업 등의 최대주주 또는 최대출자자인 경우로서 피상속인과 그의 특수관계인의 주식 등을 합하여 해당 기업의 발행주식총수등의 100분의 50(한국거래소에 상장되어 있는 법인이면 100분의 30) 이상을

---

25) 가업상속 재산이란 아래의 구분에 따른 상속재산에서 유류분상속재산을 제외한 상속재산을 말한다(상증령 15 ⑤).

1. 「소득세법」을 적용받는 가업: 상속재산 중 가업에 직접 사용되는 토지, 건축물, 기계장치 등 사업용 자산
2. 「법인세법」을 적용받는 가업: 상속재산 중 가업에 해당하는 법인의 주식 등[해당 주식 등의 가액에 그 법인의 총자산가액 중 상속개시일 현재 사업무관자산을 제외한 자산가액이 그 법인의 총자산가액에서 차지하는 비율을 곱하여 계산한 금액에 해당하는 것을 말한다]

계속하여 보유하는 경우에 한정한다. 다만, 가업상속이 이루어진 후에 가업상속 당시 최대주주 등에 해당하는 자(가업상속을 받은 상속인은 제외)의 사망으로 상속이 개시되는 경우는 제외한다.

가업상속은 피상속인 및 상속인이 다음의 요건을 모두 갖춘 경우에만 적용한다(조특령 15 ④).

① 피상속인이 가업의 영위기간 중 다음 어느 하나에 해당하는 기간을 대표이사로 재직한 경우

가. 50%이상의 기간

나. 10년 이상의 기간(상속인이 피상속인의 대표이사 등의 직을 승계하여 승계한 날부터 상속개시일까지 계속 재직한 경우로 한정한다)

다. 상속개시일부터 소급하여 10년 중 5년 이상의 기간

② 상속인이 다음의 요건을 모두 갖춘 경우(상속인의 배우자가 가·나 및 라의 요건을 모두 갖춘 경우에는 상속인이 그 요건을 갖춘 것으로 본다)

가. 상속개시일 현재 18세 이상인 경우

나. 상속개시일 전에 2년 이상 직접 가업에 종사(상속개시일 2년 전부터 가업에 종사한 경우로서 상속개시일부터 소급하여 2년에 해당하는 날부터 상속개시일까지의 기간 중 병역의무의 이행, 질병의 요양 등의 사유로 가업에 종사하지 못한 기간이 있는 경우에는 그 기간은 가업에 종사한 기간으로 본다)한 경우. 다만, 피상속인이 60세 이전에 사망하거나 천재지변 및 인재 등 부득이한 사유로 사망한 경우에는 그러하지 아니하다.

다. 상속인 1명이 해당 가업의 전부(유류분 반환청구에 따라 다른 상속인이 받았거나 받을 상속재산은 제외)를 상속받은 경우

라. 상속세과세표준 신고기한까지 임원으로 취임하고, 상속세 신고기한부터 2년 이내에 대표이사 등으로 취임한 경우

2) 영농상속공제

영농상속이란 피상속인 및 상속인 모두 상속개시 2년 전부터 영농에 종사하면서 영농상속재산을 상속받는 경우 5억원을 한도로 공제한다.

영농상속재산이란 다음 중 어느 하나에 해당하는 재산 전부를 상속인 중 영농에 종사하는 상속인이 상속받는 것을 말한다.

① 소득세법을 적용받는 영농: 농지, 초지조성허가를 받은 초지, 새로이 조림한 기간이 5년 이상인 산림지, 어선, 어업권으로서 피상속인이 상속개시일 2년 전부터 영농에 사용한 자산

② 법인세법을 적용받는 영농: 상속재산 중 법인의 주식 등.

영농상속은 피상속인 및 상속인이 다음의 요건을 모두 갖춘 경우에만 적용한다(조특령 16 ①).

① 피상속인은 상속개시일 2년 전부터 계속하여 직접 영농에 종사한 경우로서 어느 하나에 해당하는 사람을 말한다.

가. 소득세법을 적용받는 영농: 다음 어느 하나에 해당하는 사람

ㄱ. 농지·초지·산림지가 소재하는 시·군·구, 그와 연접한 시·군·구 또는 해당 농지 등으로부터 직선거리 20킬로미터 이내에 거주하는 사람. 산림지의 경우에는 통상적으로 직접 경영할 수 있는 지역을 포함한다.

ㄴ. 어선의 선적지 또는 어장에 가장 가까운 연안의 시·군·구, 그와 연접한 시·군·구 또는 해당 선적지나 연안으로부터 직선거리 20킬로미터 이내에 거주하는 사람

나. 법인세법을 적용받는 영농: 법인의 최대주주 등으로서 본인과 그 특수관계인의 주식 등을 합하여 해당 법인의 발행주식총수 등의 100분의 50 이상을 계속하여 보유한 사람. 다만, 영농상속이 이루어진 후에 영농상속 당시 최대주주 등에 해당하는 사람(영농상속을 받은 상속인은 제외한다)의 사망으로 상속이 개시되는 경우는 제외한다.

② 상속인은 상속개시일 현재 18세 이상이고, 상속개시일 2년 전부터 계속하여 직접 영농에 종사한 사람으로서 다음 어느 하나에 해당하는 사람과 영농·영어 및 임업후계자를 말한다.

가. 소득세법을 적용받는 영농

ㄱ. 농지·초지·산림지가 소재하는 시·군·구, 그와 연접한 시·군·구 또는 해당 농지 등으로부터 직선거리 20킬로미터 이내에 거주하는 사람. 산림지의 경우에는 통상적으로 직접 경영할 수 있는 지역을 포함한다.

ㄴ. 어선의 선적지 또는 어장에 가장 가까운 연안의 시·군·구, 그와 연접한 시·군·구 또는 해당 선적지나 연안으로부더 직선서리 20킬로미터 이내에 거주하는 사람

나. 법인세법을 적용받는 영농: 상속인 1명이 해당 영농상속재산 전부를 상속받아 상속세과세표준 신고기한까지 임원으로 취임하고, 상속세 신고기한부터 2년 이내에 대표이사 등으로 취임할 것

5. 상속세 공제한도

상속공제의 종합한도액은 아래와 같다.

상속세 과세가액
− 상속인이 아닌 자에게 유증. 사인증여한 재산가액
상속인의 상속포기로 그 다음 순위의 상속인이 상속받은 재산가액
− 증여재산 가산액(증여공제 받은 금액이 있으면 그 공제받은 금액은 뺀 가액)
= 상속공제의 종합한도액

6. 감정평가수수료 공제

상속세를 신고·납부하기 위하여 상속재산을 감정기관이 평가하는데 소요되는 수수료를 지급한 경우 당해 수수료를 상속세 과세가액에서 차감한다.

① 감정평가법인 평가수수료: 500만원 한도
② 비상장주식 신용평가전문기관 평가수수료: 평가대상 법인수 및 신용평가 전문 기관수 별로 각 1천만원 한도

③ 서화, 골동품 등 유형자산에 대한 전문가의 감정평가수수료: 500만원 한도

연습문제

객관식 문제

1. 다음 중 상속재산 가액에 포함되는 증여재산 및 간주추정상속재산이 아닌 것은?

① 퇴직금, 퇴직수당, 공로금
② 상속개시일전 처분한 재산의 가액이나 채무부담액이 2년 이내 2억원 이상인 경우
③ 피상속인의 사망으로 인하여 지급받는 보험금
④ 상속개시일전 5년 이내에 상속인 이외의 자에게 증여한 재산

2. 상속세법상 인적공제에 대한 설명으로 가장 옳지 않은 것은?

① 배우자와 자녀가 거주자의 재산을 상속받은 경우 배우자가 실제 상속받은 금액이 없더라도 배우자공제 5억원을 적용한다.
② 배우자 단독으로 상속받는 경우라도 배우자 공제 외 일괄공제 5억원을 받을 수 있다.
③ 상속인(배우자 제외) 및 동거가족 중 60세 이상인 자에 대하여 3천만원을 공제한다.
④ 5억원을 초과하는 배우자 상속공제를 받기위해서는 실질적으로 배우자가 재산분할 상속받아야 한다.

3. 다음 중 상속세 및 증여세에 대한 설명으로 옳지 않은 것은?

① 상속세 및 증여세는 신고에 의해 세액이 확정된다.
② 거주자의 사망으로 상속이 개시되는 경우 최대 2억원의 금융재산상속공제를 적용한다.
③ 상속개시일이 속하는 달의 말일부터 6월 이내 과세표준신고를 하고 상속세액을 납부하는 경우 10%에 상당하는 세액을 공제한다.
④ 상속개시 전 10년 이내에 상속인이 수증한 재산은 상속재산에 가산하여야 하면 이때 가산되는 가액은 증여일 현재의 시가로 한다.

주관식 문제

1. 다음 자료에 의해 상속세를 최소화하기 위한 과세표준을 계산하라(단위:원).

(1) 상속재산: 주택 및 토지	1,100,000,000
(2) 주택담보차입금	30,000,000
(3) 피상속인이 납부할 공과금	15,000,000
(4) 장례비용(봉안시설 7,000,000)	10,000,000
(5) 감정평가법인의 수수료	8,500,000

(6) 동거가족: 배우자와 자녀 4명(모두 성년)
(7) 배우자가 실제 상속받은 금액은 없다
(8) 배우자 이외의 상속인들은 모두 주택을 소유하고 있으며 증여받은 것은 아니다.

2. 다음 자료를 기초로 하여 상속세 과세가액을 계산하라.

① 피상속인의 상속개시 당시 재산가액: 10억
② 장례비용: 5,000,000
③ 상속개시 8개월전 피상속인이 은행으로부터 4억원을 차입하였고 상속개시 당시까지 미상환중이며 해당 차입금의 용도는 객관적으로 명백하지 아니하다.
④ 상속개시 2년 전에 피상속인은 당시 시가 3억원의 토지(상속개시 당시의 시가 7억원)를 상속인에게 증여한 바 있음

3. 다음 자료에 의하여 상속세를 최소화하기 위한 과세표준을 계산하라(단위:원).

① 상속재산	
주택 및 부수토지:	700,000,000
상가:	900,000,000
② 피속인의 사망으로 수령한 생명보험금:	200,000,000
③ 장례비지출액:	1,200,000

④ 동거가족: 배우자와 자녀 4명(모두 성년자임)
⑤ 배우자는 법정상속분을 실제 상속받았다.

제 5 절 상속세 산출세액은 어떻게 계산하는가?

1. 상속세 산출세액

상속세의 산출세액은 과세표준에 상속세 세율을 적용하여 계산한다.

	상속세 과세가액	
×	세율	10%50% 5단계 초과누진세율
=	상속세 산출세액	
+	세대생략가산액	할증세액 30%
=	상속세 산출세액 합계	

(1) 세 율

상속세의 세율은 아래와 같다.

과세표준	세 율	누진공제액
1억원 이하	10%	–
1억원 초과 ~ 5억원 이하	20%	1천만원
5억원 초과 ~ 10억원 이하	30%	6천만원
10억원 초과 ~ 30억원 이하	40%	1억 6천만원
30억원 초과	50%	4억 6천만원

(2) 세대생략 할증과세

할아버지가 바로 손자에게 상속하는 것과 같이 상속인이 피상속인의 자녀를 제외한 직계비속인 경우에는 산출세액에 다음의 금액을 가산한다.

다만, 대습상속의 경우는 제외한다. 대습상속이란 상속인이 될 직계비속 또는 형제자매가 상속개시전에 사망하거나 결격자가 된 경우에 그 직계비속이 사망하거나 결격된 자의 순위에 갈음하여 상속인이 되는 것을 말한다.

$$\text{산출세액} \times \frac{\text{피상속인의 자녀를 제외한 직계비속이 상속받는 재산가액}}{\text{총 상속재산가액}} \times \frac{30}{100}$$

(3) 사례연습

가. 상속재산주택 2억 8천만원, 토지 10억 5천만원, 합계 13억 3천만원, 채무 1,500만원

나. 증빙서류 있는 장례비용 300만원, 각종 공과금 200만원, 배우자와 자녀 2명(23세와 18세)이 있는 경우

다. 배우자가 실제 상속받은 재산가액이 5억원 미만인 경우

① 상속과세가액: 13억 800만원

② 기초공제: 2억원

③ 배우자상속공제: 5억원

④ 기타인적공제

자녀공제: 6,000만원(자녀 1인당 3,000만원)

미성년자공제: 1,000만원(연간 500만원×18세 자녀의 20세까지 기간 2년)

⑤ 일괄공제: 5억원

(기초공제와 기타인적공제를 대신하여 일괄공제 적용하는 것이 유리함)

⑥ 과세표준: 3억 800만원(①－③－⑤)

⑦ 산출세액: 51,600,000(308,000,000×20%－10,000,000)

⑧ 납부할 상속세액: 46,440,000(⑦－⑦×10%)

납부기한내 신고시 신고세액공제 10%가능

2. 상속세 결정세액

상속세 결정세액은 아래와 같다.

> 상속세 결정세액
> = 산출세액+세대를 건너뛴 상속에 대한 할증과세-(증여세액공제+외국납부세액공제+단기재상속에 대한 세액공제+문화재자료 등의 징수유예+신고세액공제)

(1) 증여세액공제

증여세액공제란 상속세 과세가액을 계산할 때 상속개시일 전 10년 또는 5년 이내에 상속인 또는 상속인 이외의 자에게 증여한 재산의 가액을 가산하는 경우 그 가산한 증여재산에 대한 증여세액을 상속세 산출세액에서 공제하는 것을 말한다.

(2) 신고세액공제

신고세액공제란 상속세 납세의무자가 상속세의 신고기한 이내에 상속세 과세표준을 신고한 경우 상속세 산출세액에서 문화재 자료 등의 징수유예 및 기타 공제 감면되는 금액을 차감한 금액의 100분의 10에 상당하는 금액을 공제하는 것을 말한다.

(3) 단기재상속에 대한 세액공제

단기재상속에 대한 세액공제라 함은 상속개시후 10년 이내에 상속인 또는 수유자의 사망으로 다시 상속이 개시된 경우에 이전상속세가 부과된 상속재산 중 재상속분에 대한 상속세 상당액을 상속세 산출세액에서 공제하는 것을 말한다.

공제금액은 ①에 ②의 공제율을 곱하여 계산한다.

① 기준금액

$$\text{재상속분의 재산가액} \times \frac{\text{재상속분의 재산가액} \times \dfrac{\text{전의 상속세 과세가액}}{\text{전의 상속재산가액}}}{\text{전의 상속세 과세가액}}$$

② 공제율

재상속 기간	1년 이내	2년 이내	3년 이내	4년 이내	5년 이내	6년 이내	7년 이내	8년 이내	9년 이내	10년 이내
공제율	100%	90%	80%	70%	60%	50%	40%	30%	20%	10%

(4) 문화재 자료 등의 징수유예

증여재산 중 박물관 및 미술관 진흥법에 따라 등록한 박물관 자료 및 미술관자료로서 박물관 또는 미술관에 전시 보존 중인 재산에 해당하는 재산이 포함되어 있는 경우 그 재산가액에 상당하는 상속세액은 징수를 유예한다.

문화재 등 징수유예세액

$$= \text{상속세 산출세액} \times \frac{\text{문화재자료 등 박물관자료의 가액}}{\text{상속재산가액(가산하는 증여재산가액포함)}}$$

징수유예를 받으려는 자는 그 유예할 상속세액에 상당하는 담보를 제공하여야 한다.

납세지 관할세무서장은 문화재자료 등이나 박물관자료를 상속받은 상속인 또는 수유자가 이를 유상으로 양도하거나 박물관폐관 등의 사유로 박물관자료를 인출(引出)하는 경우에는 즉시 그 징수유예한 상속세를 징수하여야 한다.

③ 납세지 관할세무서장은 징수유예 기간에 문화재자료 등이나 박물관

자료를 소유하고 있는 상속인 또는 수유자의 사망으로 다시 상속이 개시되는 경우에는 그 징수유예한 상속세액의 부과 결정을 철회하고 그 철회한 상속세액을 다시 부과하지 아니한다.

(5) 외국납부세액

외국납부세액공제란 거주자의 사망으로 인하여 상속세를 부과하는 경우 상속재산 중 외국에 소재하고 있는 재산에 대하여 외국의 법령에 의하여 상속세를 부과받은 때에는 그 부과받은 상속세에 상당하는 금액을 상속세 산출세액에서 공제하는 것을 말한다.

외국납부세액공제는 외국에서 부과받은 상속세액을 한도로 공제하며 아래와 같이 계산한다.

외국납부세액

$$= \text{상속세 산출세액} \times \frac{\text{외국의 법령에 따른 상속세 과세표준}}{\text{상속세 과세표준}}$$

연습문제

주관식 문제

1. 다음은 사망한 거주자 홍길동씨의 과세자료이다. 신고기한까지 상속세를 신고할 때 세부담이 최소화되도록 신고납부세액을 계산하라.

가. 상속재산현황

내 역	금 액	비 고
은행예금	200,000,000	
건 물	116,000,000	
토 지	800,000,000	
주 택	200,000,000	
토 지	564,000,000	손자에게 유증
합 계	1,880,000,000	

나. 홍길동씨는 사망2년 전 친구 k에게 토지(400,000,000)를 증여하였다. 증여공제액은 없었으며 증여세 과세표준은 400,000,000 이었고 증여세 산출세액은 80,000,000이었다(증여세액공제 한도내임).

다. 사망당시 홍길동씨의 공과금과 채무는 없었으며 영수증 등을 통해 확인되는 장례비용은 13,000,000(납골시설 사용비는 없음)이다

라. 사망당시 홍길동의 동거가족은 배우자(만 90세), 아들(56세), 며느리(54세), 손자(22세) 뿐이며 그 밖의 자녀는 없다. 배우자는 위의 주택만을 상속받았다. 배우자는 무주택자이며 동거주택의 요건을 충족한다.

마. 상속재산의 감정평가수수료는 발생하지 않았다.

제 6 절 상속세의 신고 및 납부는 어떻게 하는가?

1. 상속세 과세표준 신고

상속세의 신고는 피상속인의 사망일이 속하는 달의 말일로부터 6개월 이내 신고하여야 한다.

재산을 상속받은 사람은 상속개시일(사망일)이 속하는 달의 말일로부터 6개월(외국에 주소를 둔 경우는 9개월) 안에 사망자의 주소지 관할세무서에 상속세신고를 하고 자진납부해야 하며, 이 기간 내에 신고를 하면 내야 할 세금의 10%를 공제받게 된다. 그러나 신고를 하지 않거나 미달하게 신고하면 10%~40%의 가산세를 부담하게 된다.

또한 상속세를 신고만 하고 납부를 하지 않으면 납부하지 아니한 기간에 따라 내야 할 세금에 1일 0.03%의 가산세를 부담하게 된다. 따라서 상속세의 신고·납부가 늦으면 늦을수록 더 많은 세금을 물게 된다.

2. 상속세 자진납부

상속세를 신고하는 자는 신고기한까지 산출세액에서 다음 금액을 뺀 금액을 납세지 관할 세무서, 한국은행 또는 우체국에 납부하여야 한다.

상속세 자진납부세액은 아래와 같다.

	상속세 산출세액
−	징수유예세액
−	공제 또는 감면되는 세액
−	신고세액공제
−	연부연납 또는 물납을 신청한 금액
=	자진납부할 세액

자진 납부할 세금이 많으면 분납할 수 있다.

(1) 분 납

납부할 세액이 1천만원을 초과하는 경우에는 납부할 세액의 일부를 납부기한 경과 후 2개월 이내에 나누어 낼 수 있다.

분납할 수 있는 세액

- 납부할 세액이 2천만원 이하일 경우: 1천만원을 초과하는 금액
- 납부할 세액이 2천만원을 초과하는 경우: 납부할 세액의 1/2 이하의 금액

(2) 연부연납

납부할 세액이 2천만원을 초과하는 경우에는 세무서에 담보를 제공하고 각 회분 분납세액이 1천만원을 초과하도록 연부연납기간을 정하여 매년 세액을 균등하게 나누어 낼 수 있는데 이를 '연부연납'이라고 한다.

연부연납기간은 연부연납허가일로부터 5년 내로 한다.

다만, 가업상속재산의 경우 상속재산 중 가업상속재산이 차지하는 비율이 50% 미만이면 연부연납 허가 후 2년이 되는 날로부터 5년, 50% 이상이면 허가 후 3년이 되는 날로부터 12년 내로 한다.

연부연납을 하려면 상속세 신고시 또는 세금고지서의 납부기한 내에 관할세무서장에게 신청하여 허가를 받아야 한다.

단, 담보가 100% 보증되는 경우 신청만으로 가능하다. 연부연납 허가를 받은 세액에 대하여 일정한 이자(연부연납가산금)를 부담 하여야 한다.

(3) 물 납

상속받은 재산 중 부동산과 유가증권의 가액이 전체 재산가액의 1/2을 초과하고 납부세액이 2천만원을 초과하는 경우에는 상속받은 부동산이나 유가증권으로도 세금을 낼 수 있다.

물납에 충당할 수 있는 부동산이나 유가증권은 아래와 같다(상증령 73).

1. 국내에 소재하는 부동산
2. 국채·공채·주권 및 내국법인이 발행한 채권 또는 증권과 그 밖의 유가증권. 다만, 다음 어느 하나에 해당하는 유가증권은 제외한다.
   가. 한국거래소에 상장된 것. 다만, 최초로 한국거래소에 상장되어 물납허가통지서 발송일 전일 현재 「자본시장과 금융투자업에 관한 법률」에 따라 처분이 제한된 경우에는 그러하지 아니하다.
   나. 비상장주식 등. 다만, 상속의 경우로서 그 밖의 다른 상속재산이 없거나 아래 1부터 3까지의 상속재산으로 상속세 물납에 충당하더라도 부족하면 그러하지 아니하다.

물납에 충당하는 재산은 세무서장이 인정하는 정당한 사유가 없는 한 다음 각 번호의 순서에 따라 신청 및 허가하여야 한다(상증령 74 ②).

1. 국채 및 공채
2. 한국거래소에 상장된 유가증권
   (1의 재산을 제외하며 위 2의 가 단서에 해당하는 것을 말한다)
3. 국내에 소재하는 부동산(5제외)
4. 위2의 나단서에 해당하는 비상장주시 등
5. 상속개시일 현재 상속인이 거주하는 주택 및 그 부수토지

물납을 하고자 하는 경우에는 상속세 신고시 또는 세금고지서의 납부기한 내에 관할세무서장에게 신청하여 허가를 받아야 한다.

물납에 충당할 부동산 및 유가증권의 수납가액은 원칙적으로 상속재산 또는 증여재산의 가액으로 한다.

(4) 상속세의 상속인별 분배

상속인(상속을 포기한 자 및 특별연고자를 포함) 또는 수유자(유증 또는 사인증여를 받는 자)는 상속재산 중 각자가 받았거나 받을 재산을 기준으로 계산한 법정비율(상속인 또는 수유자별 상속세 과세표준 상당액)에 따라 상속세를 부

담한다. 또한, 상속세는 상속인 또는 수유자 각자가 받았거나 받을 재산을 한도로 연대하여 납부할 의무를 진다(상증법 3 ①, ③).

상속인(수유자)이 상속세를 부담하는 법정비율은 다음의 비율로 한다.

상속세 부담비율
= 상속인별 과세표준 상당액 ÷ 상속인별 과세표준 상당액의 합계액

상속인(수유자)별 과세표준 상당액은

① 상속인별 증여재산 가산액의 증여세 과세표준과
② (상속세 과세표준 − 증여재산 가산액의 증여세 과세표준) × [(상속인별 상속세 과세가액 − 상속인 별 증여재산 가산액) ÷ (상속세 과세가액 − 증여재산가산액)]을 합산한 금액이다.

상속인별 과세표준 상당액의 합계액이란 아래와 같다.

상속인별 과세표준 상당액의 합계액
= 상속세 과세표준 − 가산한 증여재산가액 중 상속인·수유자가 아닌 자에게 증여한 재산에 대한 과세표준

3. 상속세 신고시 제출할 서류

상속세 납부의무가 있는 상속인 또는 수유자는 상속개시일이 속하는 달의 말일부터 6개월 이내에 상속세의 과세가액 및 과세표준을 납세지 관할세무서장에게 신고하여야 한다.

신고는 상속세 과세표준의 계산에 필요한 상속재산의 종류, 수량, 평가가액, 재산분할 및 각종 공제 등을 증명할 수 있는 서류 등 첨부하여야 하며 그 내역은 아래와 같다.

① 상속세과세표준신고 및 자진납부계산서

② 상속재산명세 및 평가명세서

③ 상속재산분할명세 및 그 평가명세서

④ 연부연납(물납)허가신청서 및 납세담보제공서

⑤ 채무를 인수하는 경우에는 채무 등을 입증할 수 있는 서류

⑥ 기타 첨부서류: 주민등록등본, 가족관계증명서 또는 사망진단서, 재산평가 관련서류 등(행정정보 공동이용 가능시 제출생략)

⑦ 상속재산의 평가에 관한 서류

- 토지: 등기부등본 · 토지대장
- 건물: 등기부등본 · 건축물대장
- 예금: 예금잔액증명서 등

[별지 제9호서식] <개정 2008.4.30> (앞 쪽)

상속세과세표준신고 및 자진납부계산서

①관리번호	−

구분	항목	내용	항목	내용	항목	내용
신 고 인	②성 명		③주민등록번호		피상속인과의 관계	
	④주 소	(☎)			전자우편 주소	
피상속인	⑤성 명		⑥주민등록번호			
	⑦주 소					
⑧상 속 원 인			⑨상속개시일			

구 분			금 액	구 분		금 액
⑩상 속 세 과 세 가 액				㉔신 고 불 성 실 가 산 세		
⑪상 속 공 제 액				㉕납 부 불 성 실 가 산 세		
⑫과 세 표 준 (⑩−⑪)				㉖차 가 감 납 부 할 세 액 (⑯−⑰−⑱+㉔+㉕)		
⑬세 율				납부방법	납부·신청일자	
⑭산 출 세 액				㉗연부연납세액		
⑮세대생략가산액 (「상속세 및 증여세법」 제27조)				㉘물 납		
⑯산 출 세 액(⑭+⑮)				현금 ㉙분 납		
⑰문화재 등 징수유예세액				현금 ㉚신고납부		
세액공제	⑱ 계(⑲+⑳+㉑+㉒+㉓)					
	⑲ 증여세액공제	소 계				
		「상속세 및 증여세법」 제28조				
		「조세특례제한법」 제30조의5 및 제30조의6				
	⑳외국납부세액공제 (「상속세 및 증여세법」 제29조)					
	㉑단기세액 공제 (「상속세 및 증여세법」 제30조)					
	㉒신고세액공제 (「상속세 및 증여세법」 제69조)					
	㉓그 밖의 공제					

「상속세 및 증여세법」 제67조 및 같은 법 시행령 제64조제1항에 따라 상속세과세표준신고 및 자진납부계산서를 제출합니다.

년 월 일

신 고 인 (서명 또는 인)

세무대리인 (서명 또는 인)

(관리번호 : ☎)

세무서장 귀하

구비서류	신고인 제출서류	담당 공무원 확인사항 (담당 공무원의 확인에 동의하지 아니하는 경우 신고인이 직접 제출하여야 하는 서류)
	1. 피상속인의 가족관계증명서 1부 2. 상속세과세가액계산명세서(부표 1) 1부 3. 상속인별 상속재산 및 평가명세서(부표 2) 1부 4. 채무·공과금·장례비용 및 상속공제 명세서(부표 3) 1부 5. 상속개시 전 1(2)년 이내 재산처분·채무부담 내역 및 사용처소명명세서(부표 4) 1부	상속인의 가족관계증명서 (1부)

본인은 이 건 업무처리와 관련하여 「전자정부법」 제21조제1항에 따른 행정정보의 공동이용을 통하여 담당 공무원이 위의 담당 공무원 확인사항을 확인하는 것에 동의합니다.

신고인 (서명 또는 인)

210㎜×297㎜(신문용지 54g/㎡ (재활용품))

(뒤쪽)

작 성 방 법

1. ①관리번호란은 신고인이 적지 아니합니다.
2. ⑧상속원인란에는 사망·인정사망 또는 실종 등으로 구분하여 적습니다.
3. ⑧상속원인이 실종선고인 경우, ⑨상속개시일란에는 실종선고일을 적습니다.
4. ⑩상속세과세가액란에는 상속세과세가액계산명세서(별지 제9호서식 부표 1)의 ㉖상속세과세가액란의 금액을 적습니다.
5. ⑪상속공제액란에는 채무·공과금·장례비용 및 상속공제 명세서(별지 제9호서식 부표 3)의 ㉗상속공제금액 합계란의 금액을 적습니다.
6. ⑲증여세액공제란은 「상속세 및 증여세법」 제28조와 「조세특례제한법」 제30조의5 및 제30조의6의 증여세액공제액을 구분하여 각각 적습니다.
7. ㉔신고불성실가산세란 및 ㉕납부불성실가산세란에는 「국세기본법」 제45조의3에 따라 기한 후 신고를 하는 경우에 「국세기본법」 제47조부터 제48조까지에 따라 부담할 가산세를 적습니다.
8. ㉙분납란은 납부할 금액(⑯－⑰－⑱)이 1천만원을 초과하는 경우 다음 구분에 따른 금액을 적되, 「상속세 및 증여세법」 제71조에 따라 연부연납을 허가받은 경우에는 분납을 신청할 수 없습니다.
   가. 납부할 세액이 2천만원 이하인 때에는 1천만원을 초과하는 금액
   나. 납부할 세액이 2천만원을 초과하는 때에는 그 세액의 100분의 50 이하의 금액
9. ㉚신고납부란은 「상속세 및 증여세법」 제67조에 따른 상속세과세표준신고서에 납부할 세액을 적습니다.

상속세 세율표

과세표준	세 율	누진공제액
1억원이하	10%	0
1억원 초과 5억원이하	20%	1,000만원
5억원 초과 10억원 이하	30%	6,000만원
10억원 초과 30억원 이하	40%	16,000만원
30억원 초과	50%	46,000만원

* ⑭ 산출세액＝(과세표준×세율)－누진공제액

[별지 제9호서식 부표 1] <개정 2008.4.30>

상속세과세가액계산명세서

①관리번호	−

가. 상속받은 총재산

②재산종류	③ 소 재 지		④수량(면적)	⑤가 액	⑥비고
	국외재산국가명				
⑦ 계					

나. 상속세 과세가액 계산

총상속재산 가 액	⑧상 속 재 산 가 액	
	⑨상속개시 전 처분재산등 산입액 (「상속세 및 증여세법」 제15조)	
	⑩ 합 계	
비과세 재산가액 (「상속세 및 증여세법」 제12조)	⑪ 계	
	⑫금양(禁養)임야등 가액 (「민법」 제1008조의3)	
	⑬문 화 재 가 액	
	⑭기 타	
과세가액 불산입액	⑮ 계	
	⑯공익법인 출연재산가액 (「상속세 및 증여세법」 제16조)	
	⑰공 익 신 탁 재 산 가 액 (「상속세 및 증여세법」 제17조)	
	⑱기 타	
공제금액 (「상속세 및 증여세법」 제14조)	⑲ 계	
	⑳공 과 금	
	㉑장 례 비 용	
	㉒채 무	
가산하는 증여재산가액	㉓ 계 (㉔+㉕ 또는 ㉔+㉖)	
	㉔「상속세 및 증여세법」 제13조	
	㉕「조 세 특 례 제 한 법」 제30조의5	
	㉖「조 세 특 례 제 한 법」 제30조의6	
㉗ 상 속 세 과 세 가 액[⑩−(⑪+⑮+⑲)+㉓]		

※ 작성방법

1. ③ 소재지 「국외재산 국가명」에는 재산 소재지가 국외인 경우 '재산소재지 국명'을 적고, 국외재산 소재지는 한글 또는 영문으로 적는 것이 원칙입니다.
2. ⑥비고란에는 ⑧·⑨·⑫·⑬·⑭·⑯·⑰·⑱·㉔·㉕·㉖에 해당되는 재산의 경우에 그 번호를 적습니다. 비과세재산과 과세가액불산입재산의 경우 그 번호와 ⑧을 중복하여 적습니다.
3. ⑧상속재산가액란에는 본래의 상속재산가액에 「상속세 및 증여세법」 제8조부터 제10조까지의 상속재산을 합산한 금액을 적습니다. ⑧상속재산가액란의 금액에는 「상속세 및 증여세법」 제13조 및 ㉕·㉖ 「조세특례제한법」 제30조의5 및 제30조의6에 따라 가산하는 증여재산가액을 포함하지 아니합니다.
4. ⑨법 제15조 상속개시전 처분재산등 산입액란에는 상속개시전 1(2)년 이내 재산처분·채무부담 내역 및 사용처명세서(별지 제9호서식 부표 4)의 ⑯상속추정 재산가액란의 금액을 적습니다.
5. ⑳공과금란부터 ㉒채무란까지는 채무·공과금·장례비용 및 상속공제명세서(별지 제9호서식 부표 3)의 각 해당금액을 적습니다.
6. ㉕ · ㉖ 「조세특례제한법」 제30조의5 및 제30조의6란은 증여당시의 창업자금, 가업승계 주식등 증여재산 평가가액을 적습니다.

210㎜×297㎜(신문용지 54g/㎡(재활용품))

[별지 제9호서식 부표 2] <개정 2002.12.31>

상속인별 상속재산 및 평가명세서

가. 상속인별 상속현황

①피상속인 과의 관계	②성명	③주민등록번호	④주소	⑤법정상속지분율	⑥법정상속재산가액
				⑦실제상속지분율	⑧실제상속재산가액

나. 상속재산명세

⑨종류	⑩소재지	⑪수량(면적)	⑫단가	⑬평가가액	⑭평가기준
계					

작성방법

1. 위 명세서는 상속인별 별지로 작성합니다.
2. ⑤란의 법정상속지분율은 $\frac{\text{당해 상속인 지분}}{\text{총상속지분}}$ 으로 표시하여 기재합니다.
3. ⑥란에는 [별지 제9호서식 부표 1]의 ⑩란 및 ㉓란의 금액 합계액에서 상속인이 아닌 수유자가 유증 등을 받은 재산가액과 동 서식의 ⑪·⑳ 및 ㉒란의 금액을 차감한 금액에 대하여 ⑤란의 법정상속지분을 곱하여 계산한 금액을 기재합니다.
4. ⑦란에는 당해 상속인이 협의분할에 의하여 취득한 재산가액(⑧란의 금액)을 총상속재산가액으로 나눈 비율을 기재합니다.
5. ⑧란에는 상속인간의 협의분할시에 의하여 당해 상속인이 실제 취득한 금액을 기재하고 협의분할서를 첨부하여야 합니다.
6. ⑨란의 종류가 주식(출자지분을 포함한다)인 경우에는 당해 주식을 발행한 법인의 명칭 및 법인의 사업자등록번호를 각각 기재합니다.
7. ⑭란은 시가·기타로 구분하여 기재합니다.

22226－75611일
99.1.28 승인

210㎜×297㎜
(신문용지 54g/㎡)

[별지 제9호서식 부표 4] <신설 2003.12.31>

상속개시전 1(2)년 이내 재산처분·채무부담내역 및 사용처소명명세서

가. 처분재산 및 부담부채 명세

① 재산소재지	② 종류	③ 면적	④ 처분일 (부담일)	⑤ 금액	⑥양수자(채권자)		
					주소	성명	주민등록번호
합계							

나. 사용처

⑦ 사용 연월일	⑧ 금액	⑨ 사용용도	⑩거래상대방			
			주소	성명	주민등록번호	관계
합계						

다. 상속재산가산액 계산

⑪ 재산처분 (부담채무)가액	⑫ 사용처소명 금액	⑬ 미소명 금액	⑭ ⑪금액의 20%와 2억원 중 적은금액	⑮ 상속추정여부 ⑬>⑭	⑯ 상속추정 재산가액
				여·부	

작성방법

1. 이 명세서는 상속세및증여세법시행령 제11조제5항 각호의 1에 해당하는 재산종류별 별지로 작성합니다.
2. ⑤금액란은 처분재산종류별 금액 또는 채무부담액을 기재합니다.
3. ⑪처분재산(부담채무)가액란은 ⑤란의 합계금액을 기재합니다.
4. ⑫사용처소명금액란은 ⑧란의 합계금액을 기재합니다.
5. ⑬미소명금액란은 ⑪란의 금액에서 ⑫란의 금액을 차감한 금액을 기재합니다.
6. ⑮상속추정여부란은 여·부의 ○표를 기입합니다.
7. ⑯상속추정재산가액란은 ⑬란의 금액이 ⑭란의 금액보다 큰 경우 ⑬란의 금액에서 ⑭란의 금액을 차감한 금액을 기재합니다.

210㎜×297㎜(신문용지 54g/㎡ 재활용품)

[별지 제9호서식 부표 3] <개정 2009.4.23>

채무·공과금·장례비용 및 상속공제명세서

구분	①종류	②발생 연월일	채권자			⑥금액 (원)
			③성명 (대표자)	④주민등록번호 (사업자등록번호)	⑤주소 (소재지)	
채무						
	계					

구분	⑦구분	⑧연도별	⑨기분별	⑩금액(원)
공과금				
	계			

구분	⑪지급처	⑫지급내역	⑬금액(원)
장례비용			
	계		

상속공제	기초공제 및 기타인적공제	소계	
		⑭기초공제	
		⑮자녀공제	
		⑯미성년자공제	
		⑰연로자공제	
		⑱장애인공제	
	⑲	일괄공제	
	추가상속공제	⑳가업상속공제	
		㉑영농상속공제	
	㉒배우자상속공제		
	㉓금융재산상속공제		
	㉔재해손실공제		
	㉕동거주택상속공제		
	㉖공제적용한도액		
	㉗평가수수료합계		
	㉘상속공제금액합계		

구비서류 : 채무부담 및 공과금·장례비·평가수수료 지급 입증서류

※ 채무와 공과금은 상속개시당시의 현황에 따라 적습니다.

4. 상속세의 결정과 경정

납세지 세무서장 등은 상속세 과세표준 신고기한부터 6월내에 과세표준과 세액을 결정하여야 한다(상증법 76 ③). 다만, 신고를 하지 아니하였거나 그 신고한 과세표준이나 세액에 탈루 또는 오류가 있는 경우에는 그 과세표준과 세액을 조사하여 결정한다. 세무서장등은 결정한 과세표준과 세액을 상속인·수유자 또는 수증자에게 통지하여야 한다.

세무서장 등은 과세표준과 세액을 결정할 수 없거나 결정 후 그 과세표준과 세액에 탈루 또는 오류가 있는 것을 발견한 경우에는 즉시 그 과세표준과 세액을 조사하여 결정하거나 경정한다.

세무서장 등은 결정된 상속재산의 가액이 30억원 이상인 경우로서 상속개시일로부터 5년 이내에 상속인이 보유한 부동산, 주식 등 주요 재산의 가액이 상속개시 당시에 비하여 크게 증가한 경우에는 그 결정한 과세표준과 세액에 탈루 또는 오류가 있는지를 조사하여야 한다. 다만, 상속인이 그 증가한 재산의 자금 출처를 증명한 경우에는 그러하지 아니하다(상증법 76 ⑤).

상속세 과세표준 및 세액을 신고한 자 또는 상속세 과세표준 및 세액의 결정 또는 경정을 받은 자에게 다음 어느 하나에 해당하는 사유가 발생한 경우에는 그 사유가 발생한 날부터 6개월 이내에 결정이나 경정을 청구할 수 있다.

가. 상속재산에 대한 상속회복청구소송 등 사유로 상속개시일 현재 상속인 간에 상속재산가액이 변동된 경우

나. 상속개시 후 1년이 되는 날까지 상속재산의 수용 등 사유로 상속재산의 가액이 크게 하락한 경우

연습문제

객관식 문제

1. 다음 중 물납의 조건으로 옳지 않는 것은?

① 상속받은 재산 중 부동산과 유가증권 상당액이 해당 자산가액의 1/2를 초과
② 상속세 납부세액이 1천만원을 초과
③ 납세담보를 제공
④ 과세당국에 물납을 신청하고 허가를 얻어야 함

2. 다음 중 연부연납에 대한 설명으로 옳지 않는 것은?

① 연부연납금액에 대하여 이자상당액을 가산하여 납부하여야 함
② 상속세 납부세액이 1천만원을 초과
③ 납세담보를 제공
④ 과세당국에 연부연납을 신청하고 허가를 얻어야 함

3. 상속세및증여세법상 물납에 충당할 수 있는 재산에 대한 설명으로 옳지 않은 것은? 2011 9급 세무직

① 물납하는 재산의 충당순위는 세무서장이 인정하는 정당한 사유가 없는 한 국채 및 공채를 우선하여 신청 및 허가하여야 한다.
② 세무서장은 물납신청을 받은 재산이 관리처분상 부적당하다고 인정하는 경우에는 관리처분이 가능한 다른 물납 재산으로의 변경을 명할 수 있다.
③ 한국거래소에 상장된 주식은 제한 없이 물납재산으로 제공할 수 있다.
④ 상속의 경우로서 비상장주식을 제외하고 조세채무를 이행할 수 있는 재산이 없는 경우에는 비상장주식으로 물납이 가능하다.

쉬어가는 코너[26] 중산층의 상속세 걱정할까 말까

자식 사랑이 남다른 우리나라 노년층의 고민 중 하나는 상속되는 재산에 대한 세금이다. 상속세 세율은 10%~50%이며 소득에 대해 부과하는 소득세에 비하여 상대적으로 높다고 막연하게 알고 있다는 점에서 고민이 시작된다. 부모는 자식들이 기초적인 생활을 유지하고 안정적으로 생활하기를 원한다. 상속세에 대한 고민은 본인이 일군 재산을 가능한 한 많이 이전하고자 하는 부모의 자식 걱정과 사랑이라고 할 수 있을 것이다. 이를 고려하여 정부는 상속공제제도를 채택하고 있으며, 많은 경우 상속세에 대한 부담이 없다.

재산가액이 10억원 이하인 경우 배우자가 살아있으면 최소 5억원을 공제받은 후 일괄공제 5억원을 받을 수 있으므로 상속세가 없다. 만약 배우자가 없다면 상속세를 내지 않아도 되는 재산가액은 5억이다. 상속 재산가액의 평가는 상속발생일 전후 6개월 내 당해 자산의 매매가격이나 감정가액으로 하는 것이 원칙이다. 그러나 매매가격이나 감정가액이 없다면 기준시가로 평가한다. 기준시가는 일반적으로 시세보다 낮다는 점을 고려하면 상속세를 내지 않아도 되는 재산가액은 높아진다. 또한 피상속인 즉, 사망한자가 부담해야 할 부채, 공과금 등이 있을 때에도 상속재산가액에서 공제해 준다. 상속을 받게 되면 피상속인의 재산에 관한 권리와 의무를 포괄적으로 승계하므로 채무도 함께 상속된다. 채무란 상속당시 피상속인이 부담하여야 할 부채를 말하여 토지와 건물의 임대계약서상의 보증금도 채무로서 공제된다. 건물을 상속할 경우 전세가 많다면 전세보증금은 공제받을 수 있는 채무액에 포함되므로 월세보다 상속세측면에서 유리하다. 또한 상속재산 중에 선산이나 조상들의 묘지가 있는 농지가 포함되어 있는 경우 2억원 한도 내에서 상속세를 비과세한다.

한편 피상속인이 소유하고 있던 부동산이나 예금 등만 상속재산이 아니라 생명보험금 및 퇴직금 등도 상속재산에 포함된다는 점은 유의하여야 한다.

만약 재산가액이 10억원을 초과하는 경우 상속세에 대한 설계가 필요할 수 있다. 상속세를 절세할 수 있는 방안 중 하나는 사전에 증여하는 것이며 가능한 빨리 증여하는 것이 좋다. 사망일로부터 10년 이내에 증여한 재산은 상속재산에 포함되기 때문이다. 배우자에 대한 증여공제는 6억이다. 자녀에 대한 증여공제는 미성년이 아닌 경우 3천만원까지 공제받을 수 있으므로 세금 없이 증여할 수 있다. 이를 활용하여 사전증여를 한다면 증여세를 부담하지 않고도 상속세를 절감할 수 있다. 상속재산에 포함되는 증여재산은 상속개시시점이 아니라 증여시점의 기준시가로 재산가액을 평가한다. 따라서 시가가 상승하는 부동산은 10년 이내 증여한 재산으로서 상속세 재산가액에 포함되더라도 사전에 증여하는 것이 유리하다 할 것이다.

사전상속제도도 활용하는 것이 좋다. 60세 이상의 부모 등으로부터 18세 이상인 거주자가2013년까지 중소기업 창업을 위한 자금을 증여받을 경우 5억까지는 증여세가 없다. 5억을 초과하는 금액은 10%의 세율을 적용해 증여세를 낸다. 한도는 30억원까지이고 증여 후 1년 이내에 실제 창업하여야 하며 3년이 되는 날까지 창업자금을 사용해야 한다. 이후 상속이 있을 때 정산하게 되는 상속설계방법중의 하나이다.

현재 소유하고 있는 재산과 채무를 따져보고 재산에서 채무를 차감한 순재산가액이 10억이 안된다면 상속세를 고민 할 필요가 없다. 재산가액이 10억을 초과한다면 사전증여를 포함한 상속세 설게기 지금부터 해야 할 일이다.

26) 저자의 기고에 의해 매일신문 2013.4월에 게재되었던 내용입니다.

CHAPTER

02 증여세

제1절 증여세란 무엇인가?

1. 증여세의 의의

증여세는 타인으로부터 무상으로 재산을 취득하는 경우, 취득자에게 무상으로 받은 재산가액을 기준으로 하여 부과하는 세금이다.

증여세 과세대상은 민법상 증여뿐만 아니라 거래의 명칭, 형식, 목적 등에 불구하고 경제적 실질이 무상이전된 경우에는 모두 해당된다.

2. 증여세 과세대상

증여란 그 행위 또는 거래의 명칭·형식·목적 등과 관계없이 경제적 가치를 계산할 수 있는 유형·무형의 재산을 직접 또는 간접적인 방법으로 타인에게 무상으로 이전하는 것, 또는 기여에 의하여 타인의 재산가치를 증가시키는 것을 말한다. 따라서 완전포괄주의가 도입된 2003년 12월의 개정에 의해 사실상 경제적 이익의 분여가 일어나는 경우 증여세가 과세된다. 이에 따라 증여계약에 의한 무상이전이 아니더라도 증여세를 과세하는 규정을 상속세법 및 증여세법에 예시함으로서 증여세 과세에 대한 예측을 가능하게 한다.

3. 증여재산의 범위

수증자가 거주자인 경우 증여받은 모든 재산을 말하며 수증자가 비거주자 경우 증여받은 재산 중 국내에 있는 모든 재산을 말한다.

① 재산을 증여받은 자가 거주자(본점이나 주된 사무소의 소재지가 국내에 있는 비영리법인을 포함)인 경우: 거주자가 증여받은 모든 재산

② 수증자가 비거주자(본점이나 주된 사무소의 소재지가 국내에 없는 비영리법인을 포함)인 경우: 비거주자가 증여받은 재산 중 국내에 있는 모든 재산과 거주자로부터 증여받은 국외 예금이나 국외 적금 등 재산

증여재산에 대하여 수증자에게 소득세, 법인세가 부과되는 경우(특수관계법인과의 거래를 통한 증여의제는 제외)에는 증여세를 부과하지 아니한다. 소득세, 법인세가 비과세되거나 감면되는 경우에도 마찬가지이다.

4. 증여세의 납세의무자

증여세의 납세의무자는 수증자이며 수증자가 영리법인인 경우 증여세가 면제된다.

수증자와 증여자는 연대하여 납부할 의무를 진다.

수증자	비 고
개인	증여세를 과세함
개인사업자	자산수증이익으로 소득세를 과세함
비영리법인	증여세를 과세함
영리법인	자산수증이익으로 법인세를 과세함

그러나 예외의 경우도 있다. 다음에 해당하는 경우로서 수증자가 증여세를 납부할 능력이 없다고 인정될 때에는 그에 상당하는 증여세의 일부 또는 전부를 면제한다.

① 저가·고가양도에 따른 이익의 증여 등
② 채무면제 등에 따른 이익의 증여
③ 부동산 무상사용에 따른 이익의 증여
④ 금전무상대출 등에 따른 이익의 증여

5. 과세관할

증여세는 원칙적으로 수증자의 주소지를 관할하는 세무서장이 과세한다.

다만, 수증자가 비거주자인 경우 또는 수증자의 주소 및 거소가 분명하지 아니한 경우에는 증여자의 주소지를 관할하는 세무서장이 과세한다.

수증자와 증여자가 모두 비거주자인 경우, 수증자와 증여자 모두의 주소 또는 거소가 분명하지 아니한 경우, 수증자가 비거주자이거나 주소 또는 거소가 분명하지 아니하면 증여재산의 소재지를 관할하는 세무서장이 과세한다.

이를 요약하면 아래와 같다.

구 분		과세관할
원칙	수증자가 거주자이고 주소지가 분명한 경우	수증자의 주소지(주소지가 없거나 분명하지 않은 경우에는 거소지)
예외	수증자가 비거주자인 경우 또는 수증자의 주소 및 거소가 분명하지 아니한 경우	증여자의 주소지
	수증자와 증여자가 모두 비거주자인 경우 또는 수증자와 증여자의 주소 및 거소가 분명하지 아니한 경우	증여재산의 주소지

6. 증여재산의 취득시기

증여세의 납세의무는 타인의 증여에 의해 재산을 취득하는 때에 성립한다. 그러므로 증여가 이행되어 재산의 이전이 있으면 증여세의 납세의무가 성립되며 증여재산의 취득시기는 아래와 같다(상증령 23 ①~③).

① 권리의 이전이나 그 행사에 등기·등록을 요하는 재산에 대하여는 등기·등록일. 다만 등기를 요하지 아니하는 부동산의 취득에 대하여는 실제로 부동산의 소유권을 취득한 날로 한다.

② 건물을 신축하여 증여할 목적으로 수증자의 명의로 건축허가를 받거나 신고를 하여 해당 건물을 완성한 경우와 건물을 증여할 목적으로 수증자의 명의로 해당 건물을 취득할 수 있는 권리(분양권)를 건설사업자로부터 취득하거나 분양권을 타인으로부터 전득한 경우에는 그 건물의 사용승인서 교부일. 이 경우 사용승인 전에 사실상 사용하거나 임시사용승인을 얻은 경우에는 그 사실상의 사용일 또는 임시사용승인일로 하고, 건축허가를 받지 아니하거나 신고하지 아니하고 건축하는 건축물에 있어서는 그 사실상의 사용일로 한다.

③ 타인의 기여에 의하여 재산가치가 증가한 경우에는 재산가치증가사유가 발생한 날로 한다.

④ 위 외 기타의 경우에는 재산인도한 날 또는 사실상의 사용일로 한다.

⑤ 증여받는 재산이 주식 또는 출자지분인 경우에는 수증자가 배당금의 지급이나 주주권의 행사 등에 의하여 해당 주식 등을 인도받은 사실이 객관적으로 확인되는 날에 취득한 것으로 본다. 다만, 해당 주식 등을 인도받은 날이 불분명하거나 해당 주식 등을 인도받기 전에 취득자의 주소와 성명등을 주주명부 또는 사원명부에 기재한 경우에는 그 명의개서일 또는 그 기재일로 한다.

⑥ 증여받은 재산이 무기명채권인 경우에는 해당 채권에 대한 이자지급 사실 등에 의하여 취득사실이 객관적으로 확인되는 날에 취득한 것으로 본다. 다만, 그 취득일이 불분명한 경우에는 해당 채권에 대하여 취득자가 이자지급을 청구한 날 또는 해당 채권의 상환을 청구한 날로 한다.

제 2 절 증여세의 과세가액은 무엇인가?

1. 증여세의 과세구조

	증여재산가액
+	합산기간 이내에 동일인으로 부터 증여받은 재산가액
−	비과세재산가액
−	과세가액불산입액
−	부담부 증여시 인수채무액 등
=	증여세 과세가액
−	증여공제
=	증여세 과세표준
×	세 율
=	산출세액
−	징수유예세액, 세액공제액
=	신고납부세액
−	연부연납·물납세액
=	자진납부세액

2. 증여재산가액

증여재산가액이란 수증자에게 귀속되는 경제적 가치가 있는 모든 권리와 재산을 말한다.

① 금전으로 환산할 수 있는 경제적 가치가 있는 모든 물건

② 재산적 가치가 있는 법률상 또는 사실상의 모든 권리

③ 금전으로 환산할 수 있는 모든 경제적 이익

(1) 증여재산(금전 제외)을 반환하거나 재증여하는 경우

증여 후 당사자 간 합의에 따라 증여세 신고기한(증여일이 속하는 달의 말

일로부터 3개월)이내에 반환하는 경우 당초부터 증여가 없었던 것으로 본다. 다만, 반환 전에 정부의 세액결정을 받은 때는 과세한다.

증여받은 사람이 증여세 신고기한 경과 후 3개월(증여일이 속하는 달의 말일로부터 3개월 이후 6개월 이전) 이내에 증여자에게 다시 반환 또는 재증여하는 경우 반환 또는 재증여에 대하여는 증여세를 과세하지 않는다. 그러나 당초 증여분에 대하여는 증여세를 과세한다. 증여 후 6개월이 지난 후 재증여하는 경우에는 당초증여 및 재증여에 대하여 각각 증여세를 과세한다.

이를 요약하면 다음과 같다.

내 용	증여 여부	
	당초 증여	반 환
신고기한(3월) 내에 반환하는 경우	×	×
신고기한 경과 후 3월 내에 반환하는 경우	○	×
신고기한 경과 후 3월 경과 후 반환하는 경우	○	○

(2) 종전 증여재산의 합산

증여세는 증여가 있는 때마다 증여건별로 과세가액을 계산하여 증여세를 가산한다.

그러나 해당 증여일 전 10년 이내에 동일인(증여자가 직계존속인인 경우 그 직계존속의 배우자 포함)으로부터 받은 증여재산가액을 합한 금액이 1천만원 이상인 경우 증여재산가액에 합산[27]하여 과세한다.

증여재산의 합산이 있는 경우에는 합산대상 증여재산에 대한 증여당시의 증여세산출세액은 기납부세액으로 공제한다.

(3) 부담부 증여시 인수채무액

부담부 증여인 경우 인수채무액은 증여자의 유상양도로 보며 이 경우 인수된 채무액은 증여재산에서 차감하여 증여세 과세가액을 계산한다.

27) 증여재산의 합산시 증여재산의 가액은 각 증여일 현재의 재산가액으로 한다.

배우자 간 또는 직계존비속 간의 부담부 증여에 대해서는 수증자가 증여자의 채무를 인수한 경우에도 그 채무액은 수증자에게 인수되지 아니한 것으로 추정한다. 다만, 그 채무액이 국가 및 지방자치단체에 대한 채무 등이 객관적으로 인정되는 것인 경우에는 그러하지 아니한다(상증법 47 ③).

(4) 증여세 비과세

다음 어느 하나에 해당하는 금액에 대해서는 증여세를 부과하지 아니한다(상증법 46, 상증령 35).

1) 국가나 지방자치단체로부터 증여받은 재산의 가액

2) 내국법인의 종업원으로서 우리사주조합에 가입한 자가 해당 법인의 주식을 우리사주조합을 통하여 취득한 경우로서 그 조합원이 소액주주[28]의 기준에 해당하는 경우 그 주식의 취득가액과 시가의 차액으로 인하여 받은 이익에 상당하는 가액

3) 정당이 증여받은 재산의 가액

4) 사내근로복지기금, 우리사주조합, 근로자복지진흥기금이 증여받은 재산의 가액

5) 사회통념상 인정되는 이재구호금품, 치료비, 피부양자의 생활비, 교육비, 그 밖에 이와 유사한 것으로서 해당용도에 직접 지출한 아래의 해당하는 것

- 학자금 또는 장학금 기타 이와 유사한 금품
- 기념품·축하금·부의금 기타 이와 유사한 금품으로서 통상 필요하다고 인정되는 금품
- 혼수용품으로서 통상 필요하다고 인정되는 금품
- 타인으로부터 기증을 받아 외국에서 국내에 반입된 물품으로서 당해 물품의 관세의 과세가격이 100만원 미만인 물품
- 무주택근로자가 건물의 총 연면적이 85제곱미터이하인 주택(주택에 부수되는 토지로서 건물연면적의 5배 이내의 토지를 포함한다)을 취득 또는 임

28) 해당 법인의 발행주식총수 등의 1%와 주식의 액면가액 3억원 중 적은 금액 미만의 주식을 소유한 주주를 말함

차하기 위하여 사내근로복지기금으로부터 증여받은 주택취득보조금 중 그 주택취득가액의 100분의 5이하의 것과 주택임차보조금 중 전세가액의 100분의 10이하의 것

• 불우한 자를 돕기 위하여 언론기관을 통하여 증여한 금품

6) 신용보증기금이나 그 밖에 이와 유사한 단체가 증여받은 재산의 가액

7) 국가, 지방자치단체 또는 공공단체가 증여받은 재산의 가액

8) 장애인을 보험금 수령인으로 하는 보험으로서 연간 4,000만원을 한노로 함

5. 증여세 과세가액 불산입

(1) 공익법인 등이 출연받은 재산

사회복지 및 공익을 목적으로 하는 공익법인 등이 출연 받은 재산에 대해서는 증여세를 과세하지 않는다(상증법 48 ①).

다만, 공익법인 등에 출연하는 재산에 대해서는 일정한 요건과 규제조항을 두어 조건부로 과세가액에 불산입한 후, 이에 저촉될 때에는 증여세를 추징한다.

(2) 공익신탁새산에 대한 증여세 과세가액 불산입

증여자가 공익신탁을 목적으로 하는 신탁을 통하여 공익법인 등에 출연하는 재산의 가액은 증여세 과세가액에 산입하지 아니한다(상증법 52).

(3) 장애인이 증여받은 재산의 비과세

장애인이 친족(배우자 제외)으로부터 증여받은 금전, 부동산, 유가증권을 증여세 신고기한 이내에 신탁업법에 의한 신탁회사에 신탁하여 그 신탁의 이익 전부를 당해 장애인이 지급받을 때에는 5억원까지 증여세가 부과되지 않는다(상증법 52의2 ①). 또한 장애인전용 보험상품에 가입하여 장애인이 보험금을 지급받는 경우에는 연간 4천만원까지 증여세를 내지 않아도 된다.

연습문제

객관식 문제

1. 다음 중 설명이 가장 옳은 것은?

① 증여 후 6월 경과한 후 반환하는 경우 당초 증여는 과세하나 반환에 대하여 과세하지 않는다.

② 증여 후 3월 이내에 반환하는 경우 당초 증여는 과세하나 반환에 대하여 과세하지 않는다.

③ 증여 후 6월이 경과한 후 반환하는 경우 당초 증여와 반환에 대하여 모두 과세하지 않는다.

④ 증여 후 6월 이내에 반환하는 경우 당초 증여는 과세하나 반환에 대하여 과세하지 않는다.

2. 상속세 및 증여세법상 증여세의 과세대상에 대한 설명으로 옳지 않은 것은?

2012 9급 세무직

① 수증자가 거주자인 경우에는 그가 증여받은 모든 재산이 증여세 과세대상이 된다.

② 수증자가 비거주자인 경우에는 그가 증여받은 재산 중 국내에 있는 모든 재산이 증여세 과세대상이 된다.

③ 증여세는 경제적 가치가 있는 유형 및 무형의 재산을 타인에게 무상으로 이전하는 경우에 적용된다.

④ 영리법인이 재산을 증여받은 경우에는 증여세와 법인세가 모두 부과된다.

제 3 절 증여세 과세표준은 어떻게 계산하는가?

증여세의 과세표준은 증여세 과세가액에서 증여공제와 감정수수료를 차감하여 계산하다.

증여세 과세가액	
－ 증여재산공제	• 배우자공제: 6억원 • 직계존속: 5,000만원(미성년자 2,000만원) • 직계비속: 3,000만원 • 기타친족: 500만원
－ 재해손실공제	
－ 감정평가수수료공제	
＝ 증여세 과세표준[29]	

증여세과세표준이 50만원 미만이면 증여세를 부과하지 아니한다.

---

29) 위 금액은 일반적인 경우이며 특수한 경우의 증여세 과세표준은 아래와 같다(상증법 55 ①).

구 분		과세표준
명의신탁재산의 증여의제		그 명의신탁재산의 금액－감정평가수수료공제
합산배제 증여재산	특수관계법인과의 거래를 통한 이익의 증여의제	증여의제이익－감정평가수수료공제
	기타 합산배제증여재산	그 증여재산가액－3,000만원－감정평가수수료공제

합산배제 증여재산은 증여세과세가액에 합산되지 아니한다.

1. 증여재산공제

거주자가 다음의 친족으로부터 증여받은 경우에는 증여받은 재산의 가액에서 다음의 금액을 공제한다.

관 계	공제금액	비 고
배우자	6억원	
직계존속 (수증자의 직계존속과 혼인중인 배우자를 포함)	5천만원	수증자가 미성년자인 경우에는 2,000만원
직계비속 (수증자와 혼인중인 배우자의 직계비속을 포함)	3천만원	
기타친족(6촌 이내의 혈족, 4촌 이내의 인척)	5백만원	

다만, 수증자를 기준으로 당해 증여전 10년 이내에 공제받은 금액과 당해 증여에서 공제받을 금액의 합계액은 위의 공제금액을 한도로 한다.

즉 위 금액은 증여 1건당 공제액이 아니라 합산기간 동안의 공제액이다. 또한 수증자를 기준으로 각 친족별로 위 금액을 공제하는 것이다.

(사 례)

① 아버지로부터 여러 번에 걸쳐 재산을 증여받은 경우:
10년 이내의 증여재산가액을 합한 금액에서 5,000만원만 공제함.

② 아들이 아버지와 어머니로부터 각각 재산을 증여받은 경우:
아버지로부터 증여받은 재산가액과 어머니로부터 증여받은 재산가액의 합계액에서 5,000만원을 공제함.

③ 아버지와 삼촌으로부터 재산을 증여받은 경우:
아버지로부터 증여받은 재산가액에서 5,000만원을, 삼촌으로부터 증여받은 재산가액에서 500만원을 공제함.

2. 재해손실공제

화재, 자연재해 등으로 증여재산이 훼손된 경우 공제가능하다. 다만 손실금액에 대한 보험금 수령 등으로 금액 보전받을 수 있는 경우에는 공제하지 않는다.

재해손실공제 = 재해손실가액－보험금·구상권 등으로 보전가능한 금액

3. 감정평가수수료

감정평가수수료는 감정평가된 가액으로 증여세를 신고 납부하는 경우에 적용되며 당해 수수료를 증여세 과세가액에서 차감한다.

① 감정평가법인 평가수수료: 500만원 한도

② 비상장주식 평가위원회 평가수수료: 평가대상 법인 수 및 신용평가 전문 기관수 별로 각 1천만원 한도

③ 서화, 골동품 등 유형자산에 대한 전문가의 감정평가수수료: 500만원 한도

쉬어가는 코너[30] 증여재산공제를 활용하여 자녀에게 자산을 이전하는 방법

자녀의 혼사를 앞두고 있는 A씨는 1억원에 상당하는 신혼살림집을 마련해 주려 한다. 신혼살림집을 증여받는 A씨의 자녀가 부담해야 할 증여세는 얼마일까?

자녀에게 재산을 증여하는 경우 증여재산공제 3천만원을 받을 수 있다. 1억원의 증여재산 중 증여재산공제를 차감한 7천만원에 대하여 10%의 증여세율을 곱하면 7백만원이며, 기한내에 신고할 경우 10%의 세액을 공제하므로 630만원의 증여세를 납부하여야 한다. 증여받은 달의 말일부터 3개월 이내가 증여세 신고기한이며 10년 내 동일인(아버지와 어머니는 동일인으로 봄)으로부터 증여받은 금액은 합산하여 신고하여야 한다. 증여세율은 증여받는 재산이 많을수록 높아지며 최저 10%에서 최고 50%이다. 배우자간 증여일 경우 6억, 부모가 자녀에게 증여할 경우에는 3천만원(자녀가 미성년자인 경우 1,500만원)이 10년 동안 합산하여 공제받을 수 있는 금액이다. 할아버지 또는 할머니가 손주에게 증여할 경우에도 증여재산공제 3천만원을 받을 수 있으나 세대가 생략되어 증여된다하여 세율이 30%만큼 가산된다. A씨와 같이 미리 재산을 배분해주기 위해, 또는 상속세를 절감하기 위해 자녀에게 금전 또는 부동산을 생전에 증여하는 경우가 있다. 소득세율에 비해 상대적으로 높은 증여세를 부담하면서 재산을 증여하는 이유는 무엇일 까? 그 이유 중 하나는 세월이 지나 증여한 재산이 수십배로 늘어났을 경우 일정 증여세를 부담하고 증여를 한 경우에 비하여 상대적으로 많은 상속세를 내야 하기 때문이다. 예를 들어 자녀에게 1억원의 부동산을 증여하였는데 상당한 시간이 흐른 후 위 부동산이 10억이 되었다고 하자. 이 경우 부모가 돌아가시더라도 위 부동산은 상속세의 문제가 없다. 그러나 증여가 없었으며 돌아가실 시점의 재산이 50억이라면 위 재산에 대하여 약 5억의 상속세를 추가적으로 부담하여야 한다.

또 다른 필요성을 살펴보면 자녀가 추후에 취득하는 재산에 대하여 취득자금의 출처로 인정될 수 있다는 것이다. 예를 들어 5천만원의 금전을 증여하여 증여세를 180만원 납부하였다고 하자. 10년 후 이자 등으로 인해 위 재산이 1억으로 늘어났고 위 금액으로 주택을 구입하였다고 하면 아무런 문제가 없다. 그러나 증여를 하지 않았을 경우 주택취득자금에 대하여 630만원의 증여세를 납부하여야 한다.

현실적으로 현금이나 양도성예금증서를 양도하고 증여세신고를 하지 않았을 경우 과세당국이 증여사실을 파악할 방법이 없다. 그러나 부동산을 증여하는 경우 소유권 이전을 하게 되고, 그 등기내역이 국세청에 바로 연결되어 증여한 사실을 과세당국이 쉽게 알 수 있다.

이처럼 증여세 신고를 하지 않았을 경우 금전과 부동산의 증여에 대해 과세당국이 증여사실을 파악할 가능성은 차이가 있다.

이러한 측면에서 금전으로 증여하여 증여세를 부담하지 않을 수도 있다. 그러나 추후에 자녀가 주택 등 부동산을 사게 되면 취득재산에 대한 자금출처조사를 받아야 한다. 재산을 취득하기 힘든 미성년자나 성년이라 하더라도 마땅한 직업이 없을 경우 자금출처조사 대상자로 선정될 가능성이 매우 높고, 소득이 있다하더라도 30세 이상인 세대주가 2억원 이상인 주택을 취득하는 경우 자금출처조사대상자로 선정될 수 있다. 주택취득자금에 대하여 출처를 소명하지 못하면 증여세가 과세된다.

증여세 신고를 한다고 가정하면 금전보다는 부동산으로 증여하는 편이 세금을 적게 내는 방법이다. 증여세 신고를 할 때 증여재산가액은 기준시가로 할 수 있으며 기준시가는 일반적으로 시세보다 낮은 수준이기 때문이다. 그러나 증여하기 전 3개월 이내에 구입한 부동산을 증여하면 주의하여야 한다. 구입한 가격이 시가로 인정되어 기준시가가 아니라 구입가격을 증여재산가액으로 보기 때문이다. 자녀에게 부동산을 증여하여 과세되는 증여세에 대하여 부모가 납부하면 그 납부금액에 대해서도 증여세가 과세된다. 따라서 부동산을 증여할 경우 증여세에 상당하는 금전을 더 하여 증여하는 것이 추가적인 증여세를 추징당하지 않게 하는 방법이다.

한편 부동산을 담보로 한 대출을 인수하는 조건으로 증여할 경우에는 주의해야 한다. 이러한 것을 부담부 증여라 하며 부담부 증여의 경우 대출금에 해당하는 금액은 양도로 본다. 즉 대출상당액은 양도가액으로 보아 부모가 양도소득세를 납부하여야 하고, 전체 재산가액 중 대출상당액을 차감한 금액은 증여재산으로 보아 자녀가 증여세를 납부해야 한다. 따라서 대출이 있는 부동산의 경우에는 각각 양도소득세와 증여세를 계산한 후에 유리한 방법으로 대출을 인수하는 증여 또는 대출을 인수하지 않는 증여를 선택해야 한다. 일반적으로 오래 전에 취득한 부동산은 취득가액이 낮으므로 양도소득세가 증여세에 비해 많을 가능성이 높으므로 대출을 인수하지 않는 증여를 선택하는 것이 유리할 것이다.

또한 부동산의 경우 금전과는 달리 증여를 받은 날의 말일부터 3개월 이내에 증여를 반환하는 경우에는 처음부터 증여가 없었던 것으로 보아 증여세가 과세되지 않는다.

30) 저자의 기고에 의해 매일신문 2013.7월에 게재되었던 내용입니다.

제 4 절 증여세 산출세액은 어떻게 계산하는가?

	증여세 과세표준	
×	세율	10% ~ 50% 5단계 초과누진세율
=	증여세 산출세액	
+	세대생략 가산액	할증세액(30%)을 가산함
=	증여세 산출세액 합계	

1. 세 율

증여세산출세액은 증여세과세표준에 다음의 세율을 적용하여 계산한다.

과세표준	세 율	누진공제액
1억원 이하	10%	−
1억원 초과 ~ 5억원 이하	20%	1천만원
5억원 초과 ~ 10억원 이하	30%	6천만원
10억원 초과 ~ 30억원 이하	40%	1억 6천만원
30억원 초과	50%	4억 6천만원

2. 직계비속에 대한 증여의 할증과세

수증자가 증여자의 자녀가 아닌 직계비속인 경우에는 증여세 산출세액의 30%에 상당하는 금액을 가산한다.

세대생략증여에 대한 할증세액 = 증여세 산출세액×30%

3. 증여세 납부세액

증여세 산출세액	
− 박물관자료 등 징수유예세액	박물관자료, 미술관자료에 대한 징수유예세액
− 세액공제	납부세액공제, 외국납부세액공제, 신고세액공제
+ 가산세	무신고가산세, 과소신고가산세, 납부불성실가산세
= 차가감납부세액	

증여세 차가감납부세액은 산출세액에서 직계비속에 대한 증여세 할증과세를 합산하고 박물관, 미술관자료에 대한 징수유예 및 외국납부세액공제, 기납부세액공제, 신고세액공제를 차감하여 계산한다.

(1) 박물관(미술관)자료에 대한 징수유예

증여재산 중 박물관 및 미술관 진흥법에 따라 등록한 박물관 자료 및 미술관자료로서 박물관 또는 미술관에 전시 보존 중인 재산에 해당하는 재산이 포함되어 있는 경우 그 재산가액에 상당하는 증여세액은 징수를 유예한다(상증법 75).

(2) 납부세액공제

합산과세규정에 따라 가산한 증여재산에 대하여 납부하였거나 납부할 증여세액는 산출세액에서 공제한다. 공제할 증여세액은 다음의 금액을 한도로 한다.

공제한도

$$= \text{증여세 산출세액} \times \frac{\text{가산한 증여재산가액의 과세표준}}{\text{(해당증여재산가액+가산증여자산가액)에 대한 과세표준}}$$

(3) 외국납부세액

거주자가 타인으로부터 재산을 증여받은 경우에 외국에 있는 증여재산에 대하여 외국의 법령에 의하여 증여세를 부과받은 경우에는 그 금액을 공제한다(상증법 59).

외국납부세액공제: ①, ②중 작은 금액

① 한도액: 외국의 법령에 의하여 부과된 증여세액

② 공제액: $$\text{증여세산출세액} \times \frac{\text{해당외국의법령에의한증여세과세표준}}{\text{증여세과세표준}}$$

(4) 신고세액공제

증여세 신고기한 이내에 과세표준 신고를 한 경우에는 증여세 산출세액에서 다음의 금액을 공제한다(상증법 69 ①).

신고세액공제 = [증여세산출세액(할증세액포함) − 박물관자료징수유예세액 − 공제감면세액] × 10%

연습문제

주관식 문제

1. 다음 각 사례별 산출세액을 계산하라.

가. 국내에 주소를 둔 홍길동씨가 부친으로 부터 증여받은 재산의 명세는 다음과 같다. 홍길동씨는 미성년자이다.

증여자	증여일자	증여재산가액
부친	2014.12.2	150,000,000

나. 국내에 주소를 둔 김얍전씨가 증여받은 재산의 명세는 다음과 같다.

증여자	증여일자	증여재산가액
배우자	2014.11.15	600,000,000

2. 국내에 주소를 둔 K씨가 2014년 증여받은 재산의 명세는 다음과 같다. 이를 토대로 증여세 산출세액을 계산하라. K씨는 미성년자가 아니다

증여자	증여일자	증여재산가액
배우자	2014.2.15	700,000,000
부 친	2014.3.15	50,000,000
모 친	2014.3.15	50,000,000

3. 2014년 5월 조부가 성년인 손자에게 10억원을 증여하였다. 과거 10년간 조부가 손자에게 증여한 금액은 없다. 증여세 산출세액을 계산하라.

제 5 절 증여가산가액에 포함되는 사례는?

상속세 및 증여세법은 완전포괄주의를 채택하고 있으며 변칙적인 방법으로 사실상 경제적 이익이 무상으로 이전되는 경우에도 증여세를 부과한다. 상속세 및 증여세법에서 예시하는 변칙적 거래에 따른 증여의 유형은 다양하다. 그 중 일부를 살펴보면 아래와 같다.

1. 신탁이익의 증여

신탁계약에 의하여 위탁자가 타인을 신탁의 이익 전부 또는 일부를 받을 수익자로 지정한 경우에는 신탁의 이익을 받을 권리의 가액을 수익자의 증여재산가액으로 한다(상증법 33 ①).

2. 보험금의 증여

생명보험이나 손해보험에서 보험금 수령인과 보험료 납부자가 다른 경우, 보험사고가 발생하였다면 보험금 상당액을 보험금 수령인의 증여재산가액으로 한다(상증법 34 ①).

증여재산가액

$$= 보험금 \times \frac{보험금\ 수령인이\ 아닌\ 자가\ 납부한\ 보험료액}{납부한\ 보험료\ 총액}$$

보험계약 기간에 보험금 수령인이 타인으로부터 재산을 증여받아 보험료를 납부한 경우에는 그 보험료 납부액에 대한 보험금 상당액에서 그 보험료 납부액을 뺀 가액을 보험금 수령인의 증여재산가액으로 한다(상증법 34 ①).

증여재산가액

$$= 보험금 \times \frac{재산을\ 증여받아\ 납부한\ 보험료}{납부보험료\ 총액} - 재산을\ 증여받아\ 납부한\ 보험료$$

다만, 보험금을 상속재산으로 보는 경우에는 상속세가 과세되므로 적용하지 않는다(상증법 34 ②).

3. 저가 및 고가 양도에 따른 이익의 증여

시가보다 높은 가액으로 양도하거나 시가보다 낮은 가액으로 양수하는 경우에는 특수관계 여부와 관계없이 시가와의 차액을 증여받은 것으로 보아 증여세를 과세한다.

(1) 저가양수에 따른 이익의 증여

① 특수관계자로부터 시가보다 낮은 가액으로 재산을 양수

특수관계자로부터 시가보다 낮은 가액으로 재산을 양수한 경우에는 다음의 금액을 양수자의 증여재산가액으로 한다. 다만, (시가－양수대가)가 시가의 30%이상이거나 3억원 이상인 경우 적용된다.

증여재산가액 = (시가－양수대가)－Min(시가×30%, 3억원)

② 특수관계 없는 자로부터 저가 양수

만약 특수관계인이 아닌 자로부터 정당한 사유 없이 시가보다 현저히 낮은 가액으로 재산을 양수하는 경우에는 다음의 금액을 양수자의 증여재산가액으로 추정한다. 다만, (시가－양수대가)가 시가의 30% 이상인 경우에 적용된다.

증여추정재산가액 = (시가－양수대가)－3억원

(2) 고가양도에 따른 이익의 증여

① 특수관계자에게 시가보다 고가양도

특수관계자에게 시가보다 높은 가액으로 재산을 양도한 경우에는 다음의 금액을 양도자의 증여재산가액으로 한다. 다만, (양도대가－시가)가 시가의 30%이상이거나 3억원 이상인 경우 적용된다.

증여재산가액 = (양도대가－시가)－Min(시가×30%, 3억원)

② 특수관계 없는 자에게 시가보다 고가양도

만약 특수관계인이 아닌 자에게 시가보다 높은 가액으로 재산을 양도한 경우에는 다음의 금액을 양도자의 증여재산가액으로 한다. 다만, (양도대가－시가)가 시가의 30%이상인 경우 적용된다.

증여추정재산가액 = (양도대가－시가)－3억원

4. 채무면제 등에 따른 증여

채권자로부터 채무를 면제받거나 제3자로부터 채무의 인수 또는 변제를 받은 경우에는 그 면제, 인수 또는 변제로 인한 이익에 상당하는 금액(보상액을 지급한 경우에는 그 보상액을 뺀 금액으로 한다)을 그 이익을 얻은 자의 증여재산가액으로 한다(상증법 36).

5. 부동산 무상사용에 따른 이익의 증여

특수관계인의 부동산(그 부동산 소유자와 함께 거주하는 주택과 그에 딸린 토지는 제외한다)을 무상으로 사용함에 따라 이익을 얻은 경우에는 그 이익에 상당하는 금액을 부동산 무상 사용자의 증여재산가액으로 한다. 부동산 무상사용이익은 각 연도의 부동산 무상사용이익을 해당 부동산 무상사용기간을 5년으로 하여 현재가치로 평가한 가액으로 하며, 부동산 무상사용이익이 1억원 이상인 경우에 한하여 과세한다.

$$\text{부동산 무상사용이익(증여재산가액)} = \frac{\Sigma[\text{각 연도의 부동산 무상사용이익}}{(1+\text{이자율})n}$$

각 연도의 부동산 무상사용이익은 부동산가액에서 연간사용요율(2%)을 곱하여 계산하며 부동산 가액은 상속증여세법의 재산평가규정에 따라 평가한 금액이다.

부동산무상사용에 따른 이익의 증여 시기는 사실상 당해 부동산의 무상사용을 개시한 날로 한다. 이 경우 당해 부동산에 대한 무상사용기간이 5년을 초과하는 경우에는 그 무상사용을 개시한 날부터 5년이 되는 날의 다음날에 새로이 당해 부동산의 무상사용을 개시한 것으로 본다.

6. 금전무상대출 등에 따른 이익의 증여

타인으로부터 1억원 이상의 금전을 무상으로 또는 적정 이자율보다 낮은 이자율로 대출받은 경우에는 그 금전을 대출받은 날에 다음의 금액을 그 금전을 대출받은 자의 증여재산가액으로 한다(상증법 41의4 ①).

구 분	증여재산가액
무상으로 대출받은 경우	대출금액×적정이자율[31]×대출기간[32]
적정이자율보다 낮은 이자율로 대출받은 경우	대출금액×적정이자율×대출기간－실제 지급한 이자상당액

31) 적정이자율은 금융기관이 보증한 3년 만기 회사채의 유통수익률을 감안하여 기획재정부 장관이 정하여 고시하는 이자율(「법인세법」상 가지급금 인정이자의 계산시 적용되는 당좌대출이자율)을 말함.

32) ① 약정된 대출기간(미약정시는 1년마다 계산함)
② 약정된 대출기간이 1년 이상인 경우에는 1년 단위로 구분 계산함.

7. 재산의 무상사용, 용역의 무상제공 등에 따른 이익의 증여

타인에게 시가보다 낮은 대가를 지급하거나 무상으로 1억원 이상의 재산(부동산과 금전은 제외한다. 이하 이 호와 제2항에서 같다)을 사용하거나, 타인으로부터 시가보다 높은 대가를 받고 1억원 이상의 재산을 사용하게 함으로써 얻은 이익은 증여로 본다. 이 경우 그 이익은 시가와 실제 지급하거나 받은 대가의 차액으로 한다. 해당이익이 시가의 30% 이상인 경우에만 이익의 증여로 본다.

타인에게 시가보다 낮은 대가를 지급하거나 무상으로 용역(불특정 다수인 간에 통상적인 지급 대가가 1천만원 이상인 것만 해당한다.)을 제공받거나, 타인으로부터 시가보다 높은 대가를 받고 용역을 제공함으로써 얻은 이익은 증여로 본다. 이 경우 그 이익은 시가와 실제 지급하거나 받은 대가의 차액으로 한다. 해당이익이 시가의 30%이상인 경우에만 이익의 증여로 본다.

8. 타인의 기여에 의한 재산가치 증가에 의한 이익

미성년자 등 그 직업이나 연령, 소득, 재산상태로 보아 자신의 계산으로 해당 행위를 할 수 없다고 인정되는 자가 다음의 사유로 재산을 취득하고 그 재산을 취득한 날부터 5년 이내에 개발사업의 시행, 형질변경, 공유물 분할, 사업의 인가·허가, 주식 · 출자지분의 상장 및 합병 등 재산가치증가 사유로 인한 그 재산가치의 증가에 따른 이익을 얻는 경우 그 이익을 얻은 자의 증여재산가액으로 한다(상증법 42 ③).

(1) 타인으로부터 재산을 증여받은 경우

(2) 특수관계인으로 부터 기업의 경영 등에 관하여 공표되지 아니한 내부 정보를 제공받아 그 정보와 관련된 재산을 유상으로 취득한 경우

(3) 특수관계인으로 부터 차입한 자금 또는 특수관계인의 재산을 담보로 차입한 자금으로 재산을 취득한 경우

재산가치의 증가에 따른 이익은 다음의 금액으로 한다(상증법 42 ④, 상증령 31의9 ⑦).

해당 재산가액	재산가치 증가사유가 발생한 날 현재의 가액
－ 취득가액	실제 취득하기 위하여 지불한 금액(증여받은 재산의 경우에는 증여세과세가액)
－ 통상적인 가치상승분	기업가치의 실질적인 증가로 인한 이익과 연평균지가상승률·연평균주택가격상승률 및 전국소비자물가상승률 등을 감안하여 해당 재산의 보유기간 중 정상적인 가치상승분에 상당하다고 인정되는 금액을 말함
－ 가치상승기여분	해당 재산가치를 증가시키기 위하여 지출한 비용을 말함
＝ 재산가치상승금액	

이 경우 재산가치 상승금액이 3억원 이상이거나 그 재산가치 상승금액이 아래의 금액을 합산한 금액의 30% 이상인 경우에 증여로 본다.

① 해당 재산가액

② 통상적인 가치 상승분

③ 가치상승기여분

제 6 절 증여로 추정되는 것은 어떤 것이 있는가?

1. 배우자 또는 직계존비속에 대한 양도시의 증여추정

(1) 개 요

배우자 또는 직계존비속에게 양도한 재산은 양도자가 그 재산을 양도한 때에 그 재산의 가액을 배우자 등이 증여받은 것으로 추정한다(상증법 44 ①).

(2) 증여추정의 배제

해당 자산이 다음에 해당하는 경우 증여추정을 적용하지 않는다.

① 법원의 결정으로 경매절차에 따라 처분된 경우

② 파산선고로 인하여 처분된 경우

③ 국세징수법에 따라 공매된 경우

④ 증권시장을 통하여 유가증권이 처분된 경우. 다만, 불특정 다수인 간의 거래에 의하여 처분된 것으로 볼 수 없는 경우(시간외시장에서 매매) 제외

⑤ 배우자 등에게 대가를 받고 양도한 사실이 명백히 인정되는 경우

2. 재산취득자금의 증여추정

(1) 내 용

직업, 연령, 소득 및 재산상태 등으로 보아 재산을 자력으로 취득하였다고 인정하기 어려운 경우로서 자금출처로 입증된 금액의 합계액이 취득재산가액에 미달하는 경우에는 당해 재산을 취득한 때에 당해 재산의 취득자금을 그 재산의 취득자가 증여받은 것으로 추정하여 이를 그 재산취득자의 증여재산가액으로 한다(상증법 45 ①). 자금출처가 소명되지 아니한 금액이 재

산취득자금 및 채무상환액의 20%와 2억원 중 적은 금액에 미달하는 경우에는 자금출처에 대한 소명이 있는 것으로 보아 증여로 추정하지 않는다.

(2) 자금출처의 입증

재산취득 또는 채무상환 자금의 출처가 입증된 금액은 다음에 의하여 입증된 금액의 합계액을 말한다.

① 신고하였거나 과세(비과세 또는 감면받은 경우를 포함)받은 소득금액

② 신고하였거나 과세 받은 상속 또는 수증재산의 가액

③ 재산을 처분한 대가로 받은 금전이나 부채를 부담하고 받은 금전으로 해당 재산의 취득 또는 해당 채무의 상환에 직접 사용한 금액

(3) 증여추정액 및 증여추정의 배제

재산취득가액 또는 채무상환가액 중 자금출처가 입증되지 않은 금액을 증여재산가액으로 한다. 다만 다음의 경우 증여추정이 배제된다.

① 취득자금 또는 상환자금의 출처에 관한 충분한 소명이 있는 경우: 출처가 입증되지 아니하는 금액이 취득재산의 가액 또는 채무의 상환금액의 20%에 상당하는 금액과 2억원 중 적은 금액에 미달하는 경우

② 해당 재산취득일 전 또는 채무상환일 전 10년 이내에 해당 재산취득자금 또는 해당 채무상환자금의 합계액이 5,000만원 이상으로서 연령·세대주·직업·재산상태·사회경제적 지위 등을 참작하여 국세청장이 정하는 금액 이하인 경우

(4) 증여추정 배제기준

아래는 자금출처 대상의 기준[33]이다.

33) 재산제세사무처리규정 및 국세청훈령

구 분		취득재산		채무상환	총액한도
		주 택	기타재산		
세대주인 경우	30세 이상 자	2억원	5,000만원	5,000만원	2억 5,000만원
	40세 이상 자	4억원	1억원	5,000만원	5억원
세대주가 아닌 경우	30세 이상 자	1억원	5,000만원	5,000만원	1억 5,000만원
	40세 이상 자	2억원	1억원	5,000만원	3억원
30세미만자		5,000만원	3,000만원	3,000만원	8,000만원

3. 명의신탁재산의 증여의제

실제소유자와 명의자가 다른 경우 그 명의자로 등기 등을 한날에 그 재산의 가액을 그 명의자가 실제소유자로부터 증여받은 것으로 본다.

권리의 이전이나 그 행사에 등기 등이 필요한 재산의 실제소유자와 명의자가 다른 경우에는 그 명의자로 등기 등을 한 날(그 재산이 명의개서를 하여야 하는 재산인 경우에는 소유권취득일이 속하는 해의 다음 해 말일의 다음 날을 말한다)에 그 재산의 가액을 명의자가 실제소유자로부터 증여받은 것으로 본다. 다만, 다음 하나에 해당하는 경우에는 그러하지 아니하다(상증법 45의2 ①).

① 조세 회피의 목적 없이 타인의 명의로 재산의 등기 등을 하거나 소유권을 취득한 실제 소유자 명의로 명의개서를 하지 아니한 경우

② 주식 또는 출자지분 중 1997년 1월 1일 전에 신탁이나 약정에 의하여 타인 명의로 주주명부 또는 사원명부에 기록되어 있거나 명의개서되어 있는 주식 등에 대하여 1998년 12월 31일까지의 기간(이하 이 조에서 "유예기간"이라 한다)에 실제소유자 명의로 전환한 경우. 다만, 그 주식 등을 발행한 법인의 주주 또는 출자자의 특수관계인 및 1997년 1월 1일 현재 미성년자인 사람의 명의로 전환한 경우에는 그러하지 아니하다.

연습문제

객관식 문제

1. 상속세 및 증여세법상 수증자가 증여세를 납부할 능력이 없다고 인정되는 때 증여세의 일부 또는 전부를 면제해 주는 경우에 해당하지 않는 것은? 2012 9급 세무직

① 보험금의 증여
② 저가·고가양도에 따른 이익의 증여
③ 채무면제에 따른 증여
④ 부동산 무상사용에 따른 이익의 증여

2. 다음 중 증여세 납세의무가 있는 자는?

① 특수관계자에게 시가보다 높은 가액으로 재산을 양수한 경우
② 특수관계자에게 시가보다 낮은 가액으로 재산을 양도한 경우
③ 특수관계있는 자에게 시가보다 낮은 가액으로 재산을 양수한 경우
④ 특수관계있는 자에게 무상으로 부동산을 제공한 경우

쉬어가는 코너[34)]

부동산취득과 관련한 자금출처조사의 대비

부동산을 비롯한 재산을 취득하거나 부채를 상환했을 때 그 자금을 어떻게 마련했는지 조사하는 것을 자금출처조사라 한다. 이러한 조사는 자금의 출처가 불확실하여 본인의 힘으로 마련한 것으로 보기 어려운 경우에 증여세를 추징하기 위한 세무당국의 절차이다. 만약 소득이 없는 대학생이 주택을 취득하였거나 전업주부가 상가를 분양받는 다면 세무서에서는 그 자금을 어디에서 마련하였는지 물어볼 것이다. 이때 본인의 소득 또는 재산으로 취득자금을 마련하였다는 것을 입증하지 못한다면 증여세를 추징하게 된다. 취득자금 전체금액이 본인의 소득 또는 재산으로 마련되었는지 입증하기를 요구하지는 않는다. 취득자금이 10억원 미만인 경우 80%이상 확인되면 된다. 취득자금이 10억이상인 경우 소명되지 않은 자금이 2억원미만이면 취득자금 전체를 소명한 것으로 본다. 확인되지 않는 자금이 20%이상이거나 2억원 이상이면 취득자금에서 소명된 금액을 뺀 나머지를 증여받은 것으로 보아 증여세를 추징하게 된다. 세무서에서는 취득한 사람의 당해 연도 소득과 과거의 소득현황 등을 종합적으로 분석하여 조사 대상자를 선정한다. 모든 부동산의 취득에 대해 자금출처조사를 하는 것은 아니며 10년 이내의 재산취득가액 또는 채무상환금액의 합계액이 일정기준금액미만이라면 하지 않는다.

자금출처조사에서 제외하는 기준은 아래와 같다.

구 분		취득재산		채무상환	총액한도
		주택	기타자산		
세대주인 경우	30세이상인자 40세이상인자	2억원 4억원	5천만원 1억원	5천만원	2억5천만원 5억원
세대주가 아닌 경우	30세이상인자 40세이상인자	1억원 2억원	5천만원 1억원	5천만원	1억5천만원 3억원
30세미만인자		5천만원	3천만원	3천만원	8천만원

출처: 국세청, 2013세금절약가이드

자금출처조사에서 제외하는 기준금액이내라 하더라도 증여사실이 확인되면 증여세가 과세된다.

자금출처조사 대상자에 선정되었다면 본인의 소득금액이나 보유자금임을 확인할 수 있는 증빙서류를 제출해야 한다. 근로소득자 퇴직소득자 이자소득자는 원천징수영수증을, 사업소득자는 소득금액증명원을 제출하면 된다. 근로소득은 총급여액에서 소득세를 차감한 금액이 자금출처로 인정되는 금액이다. 사업자의 경우 총수입금액에서 필요경비를 차감한 사업소득금액에서 소득세 상당액을 차감한 금액이 인정된다. 취득부동산에 입주한 임대인이 있을 경우 전세계약서도 자금출처를 입증하는 증빙서류가 된다. 임대보증금 또는 전세금 전체가 자금출처로 인정되는 금액이다. 은행에서 대출받은 자금이 있을 경우 부채증명원이 증빙서류가 되며 차입금액이 자금출처로 인정된다. 그러나 은행이 아닌 개인에게 대출받은 경우 차용증이나 계약서 등으로 대출사실을 인정받기 어려우므로 예금통장사본, 무통장 입금증 등 객관적인 금융거래자료를 마련하는 것이 좋다. 상속이나 증여받은 재산이 있었다면 그 재산도 자금의 출처가 된다. 본인소유재산의 처분은 매매계약서가 증빙서류가 된다. 이 경우 인정되는 출처의 범위는 그 처분가액에서 양도소득세 등 공과금 상당액을 차감한 금액이다.

본인의 소득으로 자금출처를 입증한 후 부족한 출처에 대해서 대출이나 전세금을 사용했다는 것을 입증하면 될 것이다. 대출의 경우 상환과 지급이자에 대한 자금출처를 또 밝혀야 하므로 전세금을 최대한 받아 자금출처에 대비하는 경우가 많다.

---

34) 저자의 기고에 의해 매일신문 2013.12월에 연재되었던 내용입니다.

제 7 절 증여세의 신고 및 납부는 어떻게 하는가?

1. 증여세의 신고

증여를 받은 사람은 증여일이 속하는 달의 말일로부터 3개월 안에 증여받은 자의 주소지 관할세무서에 증여세를 신고·납부하여야 하며, 이 기간 내에 신고를 하면 내야 할 세금의 10%를 공제한다.

2. 증여세의 자진납부

증여세를 신고하는 자는 신고기한까지 산출세액에서 다음 금액을 뺀 금액을 납세지 관할 세무서, 한국은행 또는 우체국에 납부하여야 한다.

	증여세산출세액
−	징수유예세액
−	공제 또는 감면되는 세액
−	신고세액공제
−	연부연납 또는 물납을 신청한 금액
=	자진납부할 세액

증여세의 경우에도 분납 및 연부연납, 물납이 가능하다.

(1) 분 납

납부할 세액이 1천만원을 초과하는 경우에는 납부할 세액의 일부를 납부기한 경과 후 2개월 이내에 나누어 낼 수 있다.

분납할 수 있는 세액

- 납부할 세액이 2천만원 이하일 경우: 1천만원을 초과하는 금액
- 납부할 세액이 2천만원을 초과하는 경우: 납부할 세액의 1/2 이하의 금액

(2) 연부연납

납부할 세액이 2천만원을 초과하는 경우에는 세무서에 담보를 제공하고 각 회분 분납세액이 1천만원을 초과하도록 연부연납기간을 정하여 매년 세액을 균등하게 나누어 낼 수 있는데 이를 '연부연납'이라고 한다.

연부연납기간은 연부연납허가일로부터 5년 내에서 해당 납세의무자가 신청한 기간만 허용한다.

연부연납을 하려면 증여세 신고시 또는 세금고지서의 납부기한 내에 관할세무서장에게 신청하여 허가를 받아야 한다.

단, 담보가 100% 보증되는 경우 신청만으로 가능하다. 연부연납 허가를 받은 세액에 대하여 일정한 이자(연부연납가산금)를 부담 하여야 한다.

(3) 물 납

증여받은 재산 중 부동산과 유가증권의 가액이 전체 재산가액의 1/2을 초과하고 납부세액이 2천만원을 초과하는 경우에는 증여받은 부동산이나 유가증권으로도 세금을 낼 수 있다. 그러나 유가증권 중 비상장주식 등을 제외하되, 비상장주식 등 외에는 상속재산이 없는 경우에는 가능하다.

물납에 충당할 수 있는 재산은 부동산이나 유가증권이며 상속세의 물납과 기본적으로 동일하다.

3. 증여세의 결정과 경정

납세지 관할세무서장은 과세표준 신고기한으로부터 3개월 이내에 증여세의 과세표준과 세액을 결정하여야 하며 이를 수증자에게 통지하여야 한다.

4. 증여세 신고시 제출해야 할 서류

① 증여세과세표준신고 및 자진납부계산서

② 증여재산명세 및 평가명세서

③ 증여자 및 수증자 관계를 알 수 있는 가족관계등록

④ 연부연납(물납) 허가신청서 및 납세담보제공서

⑤ 채무를 인수하는 경우에는 채무 등을 입증할 수 있는 서류

⑥ 기타 첨부서류 : 주민등록등본, 재산평가 관련서류 등(행정정보 공동이용 가능시 제출생략)

⑦ 증여재산의 평가에 관한 서류

- 토지: 등기부등본 · 토지대장
- 건물: 등기부등본 · 건축물대장

■ 상속세 및 증여세법 시행규칙 [별지 제10호서식] <개정 2011.7.26>

증여세과세표준신고 및 자진납부계산서
(기본세율 적용 증여재산 신고용)

(앞쪽)

① 관리번호	-					
수증자	② 성명		③ 주민등록번호		전자우편주소	
	④ 주소	(☎:)			⑤ 증여자와의 관계	
증여자	⑥ 성명		⑦ 주민등록번호			
	⑧ 주소	(☎:)				

증 여 재 산

⑨ 증여일	⑩ 종 류	⑪ 소재지 국외재산 국가명	⑫ 수량(면적)	⑬ 단가	⑭ 금액
계					

구 분		금 액
⑮ 증 여 재 산 가 액		
⑯ 증여재산가산액(「상속세 및 증여세법」 제47조제2항)		
⑰ 비 과 세 재 산 가 액		
과세가액 불산입	⑱ 공익법인출연재산가액(「상속세 및 증여세법」 제48조)	
	⑲ 공익신탁 재산가액(「상속세 및 증여세법」 제52조)	
	⑳ 장애인 신탁재산가액(「상속세 및 증여세법」 제52조의2)	
㉑ 채 무 액		
㉒ 증 여 세 과 세 가 액 (⑮+⑯-⑰-⑱-⑲-⑳-㉑)		
증여재산공제	㉓ 배 우 자	
	㉔ 직계존비속	
	㉕ 그 밖의 친족	
㉖ 재해손실공제(「상속세 및 증여세법」 제54조)		
㉗ 감 정 평 가 수 수 료		
㉘ 과세표준(㉒-㉓-㉔-㉕-㉖-㉗)		
㉙ 세 율		
㉚ 산 출 세 액		
㉛ 세대생략가산액(「상속세 및 증여세법」 제57조)		
㉜ 산 출 세 액 계(㉚+㉛)		

구 분		금 액
㉝ 박물관자료 등 징수유예세액		
세액공제	㉞ 세액공제 합계	
	㉟ 기납부세액(「상속세 및 증여세법」 제58조)	
	㊱ 외국납부세액공제(「상속세 및 증여세법」 제59조)	
	㊲ 신고세액공제(「상속세 및 증여세법」 제69조)	
	㊳ 그 밖의 공제·감면세액	
㊴ 신고불성실가산세		
㊵ 납부불성실가산세		
㊶ 공익법인 등 관련 가산세(「상속세 및 증여세법」 제78조)		
㊷ 차가감 자진납부할 세액 (㉜-㉝-㉞+㊴+㊵+㊶)		

납부방법		납부 및 신청일	
㊸ 연부연납			
㊹ 물 납			
현금	㊺ 분 납		
	㊻ 신고납부		

「상속세 및 증여세법」 제68조 및 같은 법 시행령 제65조제1항에 따라 증여세과세표준신고 및 자진납부계산서를 제출합니다.

년 월 일

신 고 인 (서명 또는 인)

세무대리인 (서명 또는 인)

(관리번호: ☎)

세무서장 귀하

신청(신고)인 제출서류	1. 증여재산 및 평가명세서(부표) 1부 2. 채무사실 등 그 밖의 증명서류 1부 3. 증여자 및 수증자 관계를 알 수 있는 가족관계등록부 1부	수수료
담당공무원 확인사항	1. 주민등록등본	없음

행정정보 공동이용 동의서

본인은 이 건 업무처리와 관련하여 담당 공무원이 「전자정부법」 제36조제1항에 따른 행정정보의 공동이용을 통하여 위의 담당 공무원 확인 사항을 확인하는 것에 동의합니다. * 동의하지 아니하는 경우에는 신청인이 직접 관련 서류를 제출하여야 합니다.

신청인 (서명 또는 인)

210mm×297mm[일반용지 70g/㎡(재활용품)]

(뒤쪽)

작 성 방 법

※ 이 서식은 아래 증여세 세율표 나.에 해당하는 증여세 기본세율이 적용되는 증여재산에 대하여 증여세신고를 하는 경우에 사용합니다.

1. ① 관리번호란은 신고인이 적지 아니합니다.
2. ⑪ 소재지의 국외재산 국가명란에는 재산 소재지가 국외인 경우 재산 소재지의 국가명을 적고, 국외재산 소재지는 한글 또는 영문으로 적는 것이 원칙입니다.
3. ⑮ 증여재산가액란에는 ⑯「상속세 및 증여세법」 제47조제2항에 따른 증여재산가산액을 포함하지 아니합니다.
4. 「조세특례제한법」 제30조의5에 따른 창업자금 또는 같은 법 제30조의6에 이한 기업승계 주식 등에 대한 증여세과세가액[증여재산평가 및 과세가액 계산명세서(별지 제10호의2서식 부표) ⑪ 금액]이 30억원을 초과하는 경우에는 별지 제10호의2서식 부표의 ⑯ 증여재산가액과 ⑰ 채무액에 해당하는 가액을 이 서식의 ⑮ 증여재산가액란 또는 ㉑채무액란에 각각 적습니다.
5. ㉑ 채무액란은 해당 증여재산에 담보된 채무액 중 수증자가 인수한 채무액을 적습니다.
6. ㉓ 배우자란부터 ㉕ 그 밖의 친족란까지는 증여자와의 관계에 따라 다음의 구분에 따라 적습니다.
   가. 배우자 : 10년간 6억원
   나. 직계존비속 : 10년간 3천만원(미성년자의 경우에는 1천5백만원)
   다. 그 밖의 친족 : 10년간 5백만원
7. ㉙ 세율란은 「상속세 및 증여세법」 제26조 및 제56조에 따른 세율을 적습니다.
8. ㉚ 산출세액란에는 다음 계산식에 따라 계산한 금액을 적습니다.
   ㉘ 과세표준 × ㉙ 세율 － 아래 증여세율표에 따른 누진공제액
9. ㊴ 신고불성실가산세란 및 ㊵ 납부불성실가산세란에는 「국세기본법」 제45조의3에 따라 기한 후 신고를 하는 경우에 「국세기본법」 제47조, 제47조의2부터 제47조의5까지 및 제48조에 따라 부담할 가산세를 적고, ㊶ 공익법인 등 관련 가산세란에는 「상속세 및 증여세법」 제78조에 따라 부담할 공익법인 등 관련 가산세를 적습니다.
10. ㊺ 분납란은 납부할 금액(㉜－㉝－㉞)이 1천만원을 초과하는 경우 다음의 구분에 따른 금액을 적되, 「상속세 및 증여세법」 제71조에 따라 연부연납을 허가받은 경우에는 분납을 신청할 수 없습니다.
    가. 납부할 세액이 2천만원 이하인 경우에는 1천만원을 초과하는 금액
    나. 납부할 세액이 2천만원을 초과하는 경우에는 그 세액의 100분의 50 이하의 금액
11. ㊻ 신고납부란의 신고납부세액은 「상속세 및 증여세법」 제68조에 따른 증여세 과세표준신고 시에 납부할 세액을 적습니다.

증여세 세율표

증여재산 구분	과세표준	세율	누진공제액
가. 창업자금 또는 가업승계 주식 등 (「조세특례제한법」 제30조의5 및 제30조의6)		10%	－
나. 가목 외의 자산	1억원 이하	10%	－
	1억원 초과 5억원 이하	20%	1,000만원
	5억원 초과 10억원 이하	30%	6,000만원
	10억원 초과 30억원 이하	40%	16,000만원
	30억원 초과	50%	46,000만원

제 8 절 상속 및 증여재산의 평가는 어떻게 하는가?

1. 재산 평가

상속 및 증여받은 재산의 가액은 상속개시일 또는 증여일 현재의 시가로 평가한다(상증법 60 ①). 다만, 상속재산의 가액에 가산하는 증여재산의 가액은 증여일 현재의 시가이다.

재산 평가 내용을 요약하면 아래와 같다.

구 분		내 용
원칙	상속세 또는 증여세가 부과되는 재산가액	평가기준일(상속개시일 또는 증여일) 현재의 시가에 의함
	상속재산의 가액에 가산하는 증여재산가액	증여일 현재의 시가에 의함
시가를 산정하기 어려운 경우		보충적 평가방법에 의하여 평가한 가액에 의함
담보제공된 재산 등		시가(또는 보충적 평가방법)와 해당 재산이 담보하는 채권액 등을 기준으로 한 특례 평가액 중 큰 금액

2. 시 가

(1) 시가의 개념

시가란 불특정다수인 사이에 자유로이 거래가 이루어지는 경우에 통상 성립된다고 인정되는 가액으로 당해재산의 매매가액·감정가액·수용가액 및 동일·유사재산의 매매가액·감정가액·수용가액 등을 포함한다(상증법 60 ②).

(2) 시가로 인정되는 금액

상속재산의 경우 평가기준일 전후 6개월, 증여재산의 경우 3개월 이내의 기간 중 매매 감정 수용 경매 또는 공매가 있는 경우 이를 시가로 인정한다(상증령 49 ①). 시가로 보는 가액이 2이상인 경우 평가기준일로부터 가장 가까운 날에 해당하는 가액을 시가로 본다. 다만, 평가기간에 해당하지 아니하는 기간으로서 평가기준일 전 2년 이내의 기간 중에 매매 등이 있는 경우에도 평가기준일부터 매매계약일 등에 해당하는 날까지의 기간 중에 주식발행회사의 경영상태, 시간의 경과 및 주위환경의 변화 등을 고려하여 가격변동의 특별한 사정이 없다고 인정되는 때에는 평가심의위원회의 자문을 거쳐 해당 매매 등의 가액을 시가에 포함시킬 수 있다(상증령 49 ①).

1) 매매가액

해당 재산에 대한 매매사실이 있는 경우에는 그 거래가액. 다만, 다음 어느 하나에 해당하는 경우는 제외한다(상증령 49 ①).

① 특수관계인과의 거래 등으로 그 거래가액이 객관적으로 부당하다고 인정되는 경우

② 거래된 비상장주식의 가액(액면가액의 합계액)이 다음의 금액 중 적은 금액 미만인 경우(평가심의위원회의 자문을 거쳐 그 거래가액이 거래의 관행상 정당한 사유가 있다고 인정되는 경우는 제외)

가. 액면가액의 합계액으로 계산한 해당 법인의 발행주식총액 또는 출자총액의 100분의 1에 해당하는 금액

나. 3억원

2) 감정가액

당해 재산(주식 및 출자지분 제외)에 대하여 2이상의 공신력 있는 감정기관이 평가한 감정가액이 있는 경우에는 그 감정가액의 평균액.[35]

---

35) 아래 가, 나 해당하는 감정가액은 시가에서 제외, 당해 감정가액이 보충적평가방법에 의한 평가금액과 시가의 100분의 90에 해당하는 가액 중 적은 금액(기준금액)에 미달하는 경우(기준금액 이상인 경우에도 평가심의위원회의 자문을 거쳐 감정평가목적 등을 감안하여 동 가액이 부적정하다고 인정되는 경우를 포함)에는 세무서장

3) 보상가액 · 경매가액 또는 공매가액

당해 재산에 대하여 수용·경매 또는 공매사실이 있는 경우에는 그 보상가액·경매가액 또는 공매가액. 다만, 다음 하나에 해당하는 경우에는 당해 경매가액 또는 공매가액은 이를 제외한다(상증령 49 ① (3)).

① 물납한 재산을 상속인·증여자·수증자 또는 그의 특수관계인이 경매 또는 공매로 취득한 경우

② 경매 또는 공매로 취득한 비상장주식의 가액(액면가액의 합계액)이 다음의 금액 중 적은 금액 미만인 경우

가. 액면가액의 합계액으로 계산한 당해 법인의 발행주식총액 또는 출자총액의 100분의 1에 해당하는 금액

나. 3억원

③ 경매 또는 공매절차의 개시 후 수의계약에 의하여 취득하는 경우

3. 저당권 등이 설정된 재산에 대한 평가

저당권 등을 설정한 재산의 평가는 아래와 같다. 이러한 평가를 적용하는 재산은 ① 저당권, 담보권 또는 질권이 설정된 재산 ② 양도담보재산 ③ 전세권이 등기된 재산(임대보증금을 받고 임대한 재산을 포함한다)이다(상증법 66, 상증령 63).

(1) 평가액 Max(①,②)

① 평가기준일 당시의 시가(또는 보충적 평가방법에 따른 평가액)

② 해당 재산이 담보하는 채권액 등

이 다른 감정기관에 의뢰하여 감정한 가액에 의하되, 그 가액이 상속세 또는 증여세 납세의무자가 제시한 감정가액보다 낮은 경우에는 그러하지 아니하다(상증령 49 ① (2)).

가. 일정한 조건이 충족될 것을 전제로 당해 재산을 평가하는 등 상속세 및 증여세의 납부목적에 적합하지 아니한 감정가액

나. 평가기준일 현재 당해재산의 원형대로 감정하지 아니한 경우의 당해 감정가액

해당 재산이 담보하는 채권액 등이란 아래와 같다.

구 분	특례 평가액
1. 저당권(공동저당권 및 근저당권을 제외)이 설정된 재산	당해 재산이 담보하는 채권액[36]
2. 공동저당권이 설정된 재산	당해 재산이 담보하는 채권액을 공동저당된 재산의 평가기준일 현재의 가액으로 안분하여 계산한 가액
3. 근저당권이 설정된 재산	평가기준일 현재 당해 재산이 담보하는 채권액
4. 질권이 설정된 재산 및 양도담보재산	당해 재산이 담보하는 채권액
5. 전세권이 등기된 재산의 가액	등기된 전세금(임대보증금을 받고 임대한 경우에는 임대보증금)

4. 보충적 평가방법

상속재산 및 증여재산의 평가에 있어서 시가를 산정하기 어려울 때에는 다음의 방법으로 평가한다.

36) 가. 해당 재산에 설정된 근저당의 채권최고액이 담보하는 채권액보다 적은 경우에는 채권최고액을 특례 평가액으로 함
나. 해당 재산에 설정된 물적담보 외에 신용보증기관의 보증이 있는 경우에는 담보하는 채권액에서 해당 신용보증기관이 보증한 금액을 차감한 가액을 특례 평가액으로 함
다. 동일한 재산이 다수의 채권(전세금채권과 임차보증금채권을 포함)의 담보로 되어 있는 경우에는 그 재산이 담보하는 채권액의 합계액을 특례 평가액으로 함

(1) 부동산의 평가

구 분	보충적 평가방법
토지	• 원칙: 개별공시지가[37](개별공시지가는 평가기준일 현재 고시되어 있는 것을 적용함) • 지정지역안의 토지: 개별공시지가×국세청장이 고시하는 배율)
건물	• 신축가격, 구조, 용도, 위치, 신축연도 등을 고려하여 매년 1회 이상 국세청장이 산정·고시하는 가액
지정지역 안에 있는 오피스텔 및 상업용건물	• 건물의 종류, 규모, 거래상황, 위치 등을 고려하여 매년 1회 이상 국세청장이 토지와 건물에 대하여 일괄하여 산정·고시한 가액
주택	• 개별주택가격 및 공동주택가격[38]

(2) 지상권, 부동산을 취득할 수 있는 권리, 특정시설물이용권

지상권 및 부동산을 취득할 수 있는 권리와 특정시설물을 이용할 수 있는 권리는 그 권리 등이 남은 기간, 성질, 내용, 거래 상황 등을 고려하여 평가한 가액으로 한다(상증법 61 ③, 상증령 51).

구 분	보충적 평가방법
지상권	지상권이 설정되어 있는 토지의 가액에 2%를 곱하여 계산한 금액을 해당 지상권의 잔존연수를 감안하여 환산한 가액
부동산을 취득할 수 있는 권리 및 특정 시설물을 이용할 수 있는 권리	• 평가기준일까지 불입한 금액+평가기준일 현재의 프레미엄에 상당하는 금액 • 시설물이용권에 대하여 「소득세법」 규정에 의한 기준시가가 있는 경우에는 그 금액
그밖에 시설물 및 구축물	평가기준일에 다시 건축하거나 다시 취득할 때에 드는 가액(재취득가액 등)－그것의 설치일부터 평가기준일까지의 감가상각비상당액

37) 개별공시지가가 없는 토지: 납세지 관할세무서장이 인근 유사토지의 개별공시지가를 고려하여 정하는 방법에 의하여 평가한 금액

38) 개별주택가격 및 공동주택가격이 없는 주택의 가격은 납세지 관할세무서장이 인근 유사주택의 개별주택가격 및 공동주택가격을 고려하여 정하는 방법에 따라 평가한 금액으로 함.

(3) 그 밖의 유형재산의 평가

선박 등의 평가는 다음과 같다(상증법 62, 상증령 52).

구 분	보충적 평가방법에 의한 평가액
① 선박, 항공기, 차량, 기계장비 및 입목	처분할 경우 다시 취득할 수 있다고 예상되는 가액. 다만, 그 가액이 확인되지 아니하는 경우에는 장부가액(취득가액에서 감가상각비를 차감한 가액) 및 지방세 시가표준액을 순차로 적용한 가액으로 함
② 상품, 제품, 반제품, 재공품, 원재료 기타 이에 준하는 동산 및 소유권의 대상이 되는 동산	처분할 때에 취득할 수 있다고 예상되는 가액. 다만, 그 가액이 확인되지 아니하는 경우에는 장부가액으로 함
③ 판매용이 아닌 서화·골동품	Max(①, ②): ① 2인 이상의 전문가가 감정한 가액의 평균액 ② 감정평가심의회[39]에서 감정한 감정가액
④ 소유권의 대상이 되는 동물 및 따로 평가방법을 규정하지 아니한 그 밖의 유형재산	처분할 때에 취득할 수 있다고 예상되는 가액

(4) 사실상 임대차계약이 체결되거나 임차권이 등기된 재산

사실상 임대차계약이 체결되거나 임차권이 등기된 재산의 경우에는 임대료 등을 기준으로 하여 평가한 가액과 보충적 평가방법에 따라 평가한 가액 중 큰 금액을 그 재산의 가액으로 한다(상증법 61 ⑤, 상증령 50 ⑦).

> Max(①, ②):
> ① 보충적 평가방법에 의하여 평가한 가액
> ② (1년간 임대료÷12%)+임대보증금

39) 국세청장이 위촉한 3인 이상의 전문가로 구성함

연습문제

객관식 문제

1. 다음 중 상속세와 증여세에 모두 적용되는 규정이다. 이에 해당하지 않는 것은?

① 금융재산에 대한 공제
② 세 율
③ 재산평가시 시가평가 원칙
④ 물 납

2. 다음 중 상속세 또는 증여세가 부과되는 재산의 평가원칙에 대한 설명으로 옳은 것은?

① 상속세가 부과되는 재산의 가액은 상속세 과세표준신고일 현재의 시가에 의한다.
② 상속재산에 가액에 가산하는 증여재산의 가액은 상속개시일 현재의 시가에 의한다.
③ 근저당권이 설정된 재산은 해당 재산의 시가 또는 보충적 평가방법에 의한 평가액과 해당 재산이 담보하는 채권액 중 큰 금액으로 한다.
④ 증여재산 평가기준일 전후 6개월 이내의 감정평가액은 시가로 본다.

제 3 편

부동산 보유와 세금

제1장 부동산 보유와 국세
제2장 부동산 보유와 지방세

CHAPTER

01 부동산 보유와 국세

제1절 종합부동산세란 무엇인가?

1. 종합부동산세 의의와 특징

고액의 부동산 보유자에 대하여 종합부동산세를 부과하여 부동산 보유에 대한 조세부담의 형평성을 제고하고, 부동산의 가격안정을 도모함으로써 지방행정의 균형발전과 국민경제의 건전한 발전에 이바지함을 목적으로 제정된 국세이다.

2. 용어의 정의

① 시·군·구: 지방자치단체인 시·군 및 자치구(이하 "시·군"이라 한다)

② 시장·군수·구청장: 지방자치단체의 장인 시장·군수 및 자치구의 구청장

③ 주택: 지방세법에 의한 재산세 과세대상인 주택. 다만, 별장은 제외

④ 토지: 지방세법에 의한 재산세 과세대상인 토지

⑤ 주택분 재산세: 지방세법에 따라 주택에 대하여 부과하는 재산세

⑥ 토지분 재산세: 지방세법에 따라 토지에 대하여 부과하는 재산세

⑦ 세대: 주택 또는 토지의 소유자 및 그 배우자와 그들과 생계를 같이 하는 가족

⑧ 공시가격: 부동산 가격공시 및 감정평가에 관한 법률에 따라 가격이 공시되는 주택 및 토지에 대하여 공시된 가액. 다만, 동법에 따라 가격이 공시되지 아니한 경우에는 시장군수가 국토교통부장관이 제공한 토지가격기준표 또는 주택가격기준표를 사용한 가액

3. 과세기준일

종합부동산세의 과세기준일은 재산세의 과세기준일로 한다. 재산세의 과세기준일은 매년 6월 1일이다.

4. 납세지

종합부동산세의 관할세무서를 정하는 납세지는 아래와 같다.

종합부동산세의 납세의무자	납세지
개인 또는 법인으로 보지 아니하는 단체인 경우	소득세 납세지
법인 또는 법인으로 보는 단체인 경우	법인세 납세지
납세의무자가 비거주자·외국법인인 경우	주택 또는 토지의 소재지

5. 과세구분 및 세액

종합부동산세는 주택에 대한 종합부동산세와 토지에 대한 종합부동산세의 세액을 합한 금액을 그 세액으로 한다. 토지에 대한 종합부동산세의 세액은 토지분 종합합산세액과 토지분 별도합산세액을 합한 금액으로 한다.

6. 비과세

지방세법 또는 조세특례제한법 및 시·군의 감면조례에 따른 재산세의 비과세·과세면제 또는 경감에 관한 규정(재산세의 감면규정)은 종합부동산세를 부과함에 있어서 이를 준용한다.

재산세의 감면규정을 준용할 경우 다음의 금액을 공시가격으로 본다. 공시가격은 감면대상인 주택 또는 토지의 공시가격에서 그 공시가격에 재산세 감면비율(비과세 또는 과세면제의 경우에는 이를 100%로 봄)을 곱한 금액을 공제한 금액을 공시가격으로 본다.

> 공시가격 = 감면대상 주택 또는 토지의 공시가격×[1－재산세 감면비율(비과세·면제 100%)]

제 2 절 부동산보유세의 과세대상은 무엇인가?

1. 과세대상

부동산을 보유하는 경우에 과세되는 종합소득세 및 재산세 등 부동산보유세의 과세대상이 되는 부동산은 다음과 같다.

구 분		내 용
주 택		단독주택, 공동주택(다세대, 연립, 아파트) 등 「주택법」에 따른 주택(부속토지 포함)
토 지	종합합산 과세대상	나대지, 잡종지 등 비사업용 토지
	별도합산 과세대상	상가, 사무실 등 사업용 부속토지
	분리과세대상	공장용지, 전, 답, 과수원, 목장용지 등
건축물		주택을 제외한 건축물을 말함

2. 부동산보유에 대한 과세체계

부동산의 보유에 대하여 먼저 재산세를 과세하고, 과세기준금액을 초과하는 부분에 대하여는 국세인 종합부동산세를 과세한다.

구 분		재산세 과세	종합부동산세 과세
주택		물건별로 과세함	인별로 주택의 공시가격이 6억원을 초과하는 경우에 과세함
토지	종합합산 과세대상	개인별로 과세함	인별로 종합합산 대상토지의 공시가격이 5억원을 초과하는 경우에 과세함
	별도합산 과세대상	개인별로 과세함	인별로 별도합산 대상토지의 공시가격이 80억원을 초과하는 경우에 과세함
	분리과세 대상	과세함	과세하지 아니함
건축물		과세함	과세하지 아니함

3. 부동산의 분류

재산세와 종합부동산세의 과세대상을 비교하면 다음과 같다.

<table>
<tr><th colspan="2">구 분</th><th>재산세 과세대상</th><th>종합부동산세 과세대상</th></tr>
<tr><td colspan="2" rowspan="2">주 택</td><td>「주택법」에 따른 주택(부속토지 포함): 아파트, 주거용 오피스텔, 일반주택(단독, 다가구, 다세대)</td><td>과세대상</td></tr>
<tr><td>별장</td><td>과세대상 아님</td></tr>
<tr><td rowspan="3">토 지</td><td>종합합산 과세대상</td><td>다음의 토지를 제외한 모든 토지(나내지 등)
• 별도합산 또는 분리과세대상 토지
• 재산세가 비과세·면제되는 토지
• 재산세가 경감되는 토지(경감비율 해당분)</td><td>과세대상</td></tr>
<tr><td>별도합산 과세대상</td><td>• 영업용 건축물의 부속토지 중 용도지역별 적용배율 범위 내의 토지
• 시지역의 공장용지 중 용도지역별 적용배율 범위 내의 토지
• 별도합산과세의 이유가 있다고 인정되는 사업용 토지</td><td>과세대상</td></tr>
<tr><td>분리과세 대상</td><td>• 저율분리과세: 전, 답, 과수원, 목장용지 및 임야 중 일부 토지
• 고율분리과세: 골프장용 토지와 고급 오락장용 토지
• 기타분리과세: 공장입지기준면적 내의 공장용지 등</td><td>과세대상 아님</td></tr>
<tr><td colspan="2">건축물</td><td>• 골프장, 고급 오락장
• 도시의 주거지역 내 공장용 건축물
• 위 이외의 건축물(빌딩, 상가, 사무실 등 사업용 건물)</td><td>과세대상 아님</td></tr>
</table>

제 3 절 주택에 대한 종합부동산세의 과세방법은?

1. 납세의무자

과세기준일 현재 주택분 재산세의 납세의무자로서 국내에 있는 재산세 과세대상인 주택의 공시가격을 합산한 금액이 6억원을 초과하는 자는 종합부동산세를 납부할 의무가 있다.

2. 과세표준 및 산출세액

주택에 대한 종합부동산세의 산출세액 계산 구조는 아래와 같다.

납세의무자별(인별) 주택의 공시가격 합산액	
− 3억원	단독 명의인 1세대 1주택자[40]의 경우에 한하여 3억원을 공제함
− 6억원	
= 기준금액	
× 공정시장가액비율	80%
= 과세표준	
× 세율	
= 주택분 종합부동산세액	
− 재산세 세액공제	기 부과 재산세액을 공제함
− 1세대 1주택자 세액공제	60세 이상 및 장기보유 1세대 1주택자 세액공제
− 세부담 상한초과액	상한액: 직전년도 해당 주택에 부과된 총세액 상당액의 150%
= 산출세액	

40) 1세대 1주택자는 과세기준일 현재 세대원 중 1명만이 주택분 재산세 과세대상인 1주택만을 소유한 경우로서 그 주택을 소유한 거주자를 말한다. 이 경우 다가구주택은 1주택으로 보되, 합산배제 임대주택으로 신고한 경우에는 1세대가 독립하여 구

3. 합산배제 주택

주택에 대한 공시가액 합산에 포함되지 않는 주택은 아래와 같다.

① 합산배제 임대주택: 「임대주택법」에 따른 건설임대주택·매입임대주택 또는 다가구 임대주택으로서 임대기간, 주택의 수, 가격, 규모 등을 감안하여 정하는 주택

② 합산배제 기타 주택: 위 ①의 임대주택 외에 종입원의 주거에 제공하기 위한 기숙사 및 사원용 주택, 주택건설사업자가 건축하여 소유하고 있는 미분양주택, 가정보육시설용 주택, 「수도권정비계획법」에 따른 수도권 외 지역에 소재하는 1주택 등 종합부동산세를 부과하는 목적에 적합하지 아니한 것

합산배제 주택을 보유한 납세의무자는 해당 연도 9월 16일부터 9월 30일까지 납세지 관할세무서장에게 해당 주택의 보유현황을 신고하여야 한다.

4. 주택에 대한 종합부동산 세율

주택에 대한 종합부동산세는 과세표준에 다음의 세율을 적용하여 계산한 금액을 그 세액으로 한다.

과세표준	세 율
6억원 이하	0.5%
6억원 초과 12억원 이하	300만원+(과세표준−6억원)×0.75%
12억원 초과 50억원 이하	750만원+(과세표준−12억원)×1%
50억원 초과 94억원 이하	4,550만원+(과세표준−50억원)×1.5%
94억원 초과	1억 1,150만원+(과세표준−94억원)×2%

분 사용할 수 있도록 구획된 부분을 각각 1주택으로 본다.

5. 1세대 1주택 세액공제

주택분 종합부동산세 납세의무자가 1세대 1주택자에 해당하는 경우의 주택분 종합부동산세액은 산출된 세액(과세표준×세율－재산세액공제)에서 다음의 1세대 1주택자에 대한 공제액을 공제한 금액으로 한다. 이 경우 고령자세액공제와 장기보유자세액공제는 중복하여 적용할 수 있다.

(1) 과세기준일 현재 만 60세 이상인 1세대 1주택자의 공제액(고령자세액공제)

고령자세액공제 = 산출된 세액×연령별 공제율

연령별공제율은 아래와 같다.

① 만 60세 이상 65세 미만인 경우: 산출세액의 10%

② 만 65세 이상 70세 미만인 경우: 산출세액의 20%

③ 만 70세 이상인 경우: 산출세액의 30%

(2) 1세대 1주택자로서 해당 주택을 과세기준일 현재 5년 이상 보유한 자의 공제액(장기보유자세액공제)

장기보유자세액공제 = 산출된 세액×보유기간별 공제율

보유기간별 공제율은 다음과 같다.

① 5년 이상 10년 미만인 경우: 산출세액의 20%

② 10년 이상인 경우: 산출세액의 40%

제 4 절 토지에 대한 종합부동산세의 과세방법은?

1. 납세의무자

과세기준일 현재 토지분 재산세의 납세의무자로서 다음에 해당하는 자는 해당 토지에 대한 종합부동산세를 납부할 의무가 있다.

① 종합합산과세대상인 경우에는 국내에 소재하는 해당 과세대상토지의 공시가격을 합한 금액이 5억원을 초과하는 자

② 별도합산과세대상인 경우에는 국내에 소재하는 해당 과세대상토지의 공시가격을 합한 금액이 80억원을 초과하는 자

2. 과세대상의 분류

토지에 대한 재산세과세대상은 종합합산과세대상, 별도합산과세대상 및 분리과세대상으로 구분한다.

구 분	내 용
별도합산 과세대상	과세기준일 현재 납세의무자가 소유하고 있는 건축물의 부속토지 및 차고용 토지, 보세창고용 토지 등 업무 및 경제활동에 활용되는 토지
분리과세 대상	① 농지, 목장용지, 산림의 보호육성을 위하여 필요한 임야 및 종중소유임야(재산세 0.07%저율분리과세대상) ② 공장용지[41], 공급목적으로 소유하는 토지(재산세 0.2%저율분리과세대상) ③ 골프장용 토지와 고급오락장용 토지(재산세 4%고율분리과세대상) ④ 위의 ①부터 ③까지와 유사한 토지로서 분리과세를 하여야 할 상당한 이유가 있는 것으로 세법이 정하는 토지
종합합산 과세대상	위의 별도합산과세대상 또는 분리과세대상이 되는 토지를 제외한 토지

3. 종합합산토지에 대한 산출세액의 계산구조

종합합산 과세대상 토지의 세액계산 구조는 다음과 같다.

	납세의무자별 (인별) 종합합산과세 대상 토지의 공시가격 합산액	
−	5억원	
=	기준금액	
×	공정시장가액비율	80%
=	과세표준	
×	세율	
=	토지분 종합합산세액	
−	재산세 세액공제	기부과 재산세액을 공제함
−	세부담 상한초과액	상한액: 직전년도 부과된 총 세액상당액의 150%
=	산출세액	
+	가산세	
=	차감납부세액	

41) 읍, 면지역, 산업단지 및 공업지역의 공장용 건축물의 부속토지를 말한다.

4. 별도합산토지에 대한 산출세액의 계산구조

별도합산 과세대상 토지의 세액계산 구조는 다음과 같다.

	인별 별도합산과세대상 토지의 공시가격 합산액	
−	80억원	
=	기준금액	
×	공정시장가액비율	80%
=	과세표준	
×	세율	
=	토지분 별도합산세액	
−	재산세 세액공제	기부과 재산세액을 공제함
−	세부담 상한초과액	상한액: 직전년도 부과된 총 세액상당액의 150%
=	산출세액	
+	가산세	
−	자감납부세액	

5. 세 율

토지에 대한 종합부동산세의 세율은 다음과 같다.

(1) 종합합산과세대상

과세표준	세 율
15억원 이하	0.75%
15억원 초과 45억원 이하	1,125만원+(과세표준−15억원)×1.5%
45억원 초과	5,625만원+(과세표준−45억원)×2%

(2) 별도합산과세대상

과세표준	세 율
200억원 이하	0.5%
200억원 초과 400억원 이하	1억원+(과세표준−200억원)×0.6%
400억원 초과	2억 2,000만원+(과세표준−400억원)×0.7%

제 5 절 종합부동산세의 납세절차는?

1. 부과와 징수

(1) 원칙: 부과징수

관할세무서장은 납부하여야 할 종합부동산세의 세액을 결정하여 당해 연도 12월 1일부터 12월 15일(이하 "납부기간"이라 한다)까지 부과·징수한다.

관할세무서장은 종합부동산세를 징수하고자 하는 때에는 납세고지서에 주택 및 토지로 구분한 과세표준과 세액을 기재하여 납부기간 개시 5일 전까지 발부하여야 한다.

(2) 예외: 신고납부

종합부동산세를 신고납부방식으로 납부하고자 하는 납세의무자는 종합부동산세의 과세표준과 세액을 당해 연도 12월 1일부터 12월 15일까지 관할세무서장에게 신고·납부하여야 한다. 이 경우 부과징수에 대한 따른 결정은 없었던 것으로 본다.

2. 물 납

관할세무서장은 종합부동산세로 납부하여야 할 세액이 1천만원을 초과하는 경우에는 물납을 허가할 수 있다. 이 경우 물납에 충당할 수 있는 재산은 국내에 소재하는 부동산으로 한다. 물납에 충당할 부동산의 수납가액은 과세기준일의 시가로 한다. 시가는 공시가격으로 한다. 다만 수용가액, 공매가액 및 감정가액 등으로서 시가로 인정되는 것은 시가로 본다.

3. 분 납

관할세무서장은 종합부동산세로 납부하여야 할 세액인 500만원을 초과하는 경우에는 그 세액의 일부를 납부기한이 경과한 날부터 2개월 이내에 분납하게 할 수 있다.

① 납부하여야 할 세액이 500만원 초과 1,000만원 이하인 때에는 해당 세액에서 500만원을 차감한 금액

② 납부하여야 할 세액이 1,000만원을 초과하는 때에는 해당 세액의 50% 이하의 금액

4. 결정과 경정

관할세무서장 또는 납세지 관할 지방국세청장(이하 "관할지방국세청장"이라 한다)은 과세대상 누락, 위법 또는 착오 등으로 인하여 종합부동산세를 새로 부과할 필요가 있거나 이미 부과한 세액을 경정할 경우에는 다시 부과·징수할 수 있다. 만약 신고를 한 자의 신고내용에 탈루 또는 오류가 있는 때에는 당해 연도의 과세표준과 세액을 경정한다.

관할세무서장 또는 관할지방국세청장은 과세표준과 세액을 결정 또는 경정한 후 그 결정 또는 경정에 탈루 또는 오류가 있는 것이 발견된 때에는 이를 경정 또는 재경정하여야 한다.

연습문제

객관식 문제

1. 종합부동산세법상 종합부동산세에 관한 설명으로 옳지 않은 것은?

2007 9급 세무직

① 종합부동산세로 납부할 세액이 1천만 원을 초과하면 물납과 분납이 가능하다.

② 종합부동산세의 과세기준일은 지방세인 재산세의 과세기준일과 같다.

③ 주택에 대한 종합부동산세는 세 부담의 급격한 증가를 방지하기 위하여 세 부담의 상한을 두고 있지만 토지에 대해서는 세 부담의 상한이 없다.

④ 토지에 대한 종합부동산세의 세액은 토지분 종합합산세액과 토지분 별도합산세액을 합한 금액으로 한다.

2. 종합부동산세에 대한 설명으로 옳지 않은 것은? 2008 9급 세무직

① 주택과 종합합산과세되는 토지에 대한 과세표준은 납세의무자별로 주택 또는 토지의 공시가격을 합산한 금액에서 각각 6억 원을 공제한 금액으로 한다.

② 과세기준일은 지방세법상 재산세의 과세기준일인 매년 6월 1일로 한다.

③ 법인으로 보지 아니하는 단체의 납세지는 소득세법상의 납세지로 한다.

④ 종합부동산세는 원칙적으로 부과·징수하지만, 납세의무자의 선택에 따라 신고 납부하는 것도 허용된다.

3. 종합부동산세법상 주택에 대한 종합부동산세에 관한 설명으로 옳은 것은?

2009 9급 세무직

① 납세의무자가 수도권 밖의 지역에 위치하는 2주택 이상을 소유한 경우에 그 중 공시 가격이 가장 높은 1주택은 종합부동산세 과세표준 합산대상이 되는 주택의 범위에 해당되지 아니한다.

② 과세기준일 현재 만 65세인 1세대 1주택자로서 해당 주택을 10년 보유한 자는 연령별 공제와 보유기간별 공제를 합하여 산출세액의 70%를 공제받는다.

③ 종합부동산세의 납세의무자가 해당 연도에 납부하여야 할 주택분 종합부동산세액상당액이 해당 납세의무자에게 직적년도에 해당 주택에 부과된 종합부동산세액상당액의 120%를 초과하는 경우에는 그 초과하는 세액에 대하여는 이를 없는 것으로 본다.

④ 주택에 대한 종합부동산세의 과세표준은 납세의무자별로 주택의 공시 가격을 합산한 금액에서 6억원을 공제한 금액으로 한다.

CHAPTER 02 부동산 보유와 지방세

제 1 절 재산세의 과세대상과 납세의무자는?

재산세는 개인이나 법인이 소유하는 재산에 대해 부과하는 지방세이다.

1. 과세대상

재산세는 토지, 건축물, 주택, 항공기 및 선박(재산)을 과세대상으로 한다. 이 경우 재산세의 과세대상 물건이 공부상 등재 현황과 사실상의 현황이 상이한 경우에는 사실상의 현황에 의하여 재산세를 부과한다. 재산세과세대상은 다음과 같다.

구 분		재산세 과세대상
주택		주거용 건축물 및 부속 토지
토지	별도합산대상	①건축물의 부속토지 ②차고용 토지, 보세창고용 토지 등 업무 또는 경제활동에 활용되는 토지
	분리과세대상	① 공장용지·전·답·과수원 및 목장용지 ② 산림의 보호육성을 위하여 필요한 임야 및 종중소유임야 ③ 골프장용 토지와 고급오락장용 토지 ④ 위의 ①부터 ③까지와 유사한 토지로서 분리과세를 하여야 할 상당한 이유가 있는 것으로 세법이 정하는 토지
	종합합산대상	별도합산과세대상 또는 분리과세대상이 되는 토지를 제외한 토지
건축물, 선박, 항공기		① 건축물, 토지에 정착하거나 지하 등에 설치하는 시설 ② 기선, 범선 등 배 ③ 항공에 사용하는 비행기 등 비행기구

2. 납세의무자

재산세 과세기준일(매년 6월 1일) 현재 재산을 사실상 소유하고 있는 자는 재산세를 납부할 의무가 있다. 다만, 공유재산인 경우에는 그 지분에 해당하는 부분(지분의 표시가 없는 경우에는 지분이 균등한 것으로 봄)에 대하여 그 지분권자를 납세의무자로 보며, 주택의 건물과 부속토지의 소유자가 다를 경우에는 그 주택에 대한 산출세액을 건축물과 그 부속토지의 시가표준액 비율로 안분계산한 부분에 대하여 그 소유자를 납세의무자[42]로 본다. 또한

42) 사례별 납세의무자
1. 공부상의 소유자가 매매 등의 사유로 소유권이 변동되었는데도 신고하지 아니하여 사실상의 소유자를 알 수 없을 때에는 공부상 소유자
2. 상속이 개시된 재산으로서 상속등기가 이행되지 아니하고 사실상의 소유자를 신고하지 아니하였을 때에는 주된 상속자
3. 공부상에 개인 등의 명의로 등재되어 있는 사실상의 종중재산으로서 종중소유임

수탁자 명의로 등기·등록된 신탁재산의 경우 위탁자별로 구분된 재산에 대해서는 그 수탁자로 한다. 이 경우 위탁자별로 구분된 재산에 대한 납세의무자는 각각 다른 납세의무자로 본다.

한편 재산세 과세기준일 현재 소유권의 귀속이 분명하지 아니하여 사실상의 소유자를 확인할 수 없는 경우에는 그 사용자가 재산세를 납부할 의무가 있다

3. 납세지

재산세는 토지 등 재산을 납세지를 관할하는 지방자치단체에서 부과한다.

을 신고하지 아니하였을 때에는 공부상 소유자

4. 국가, 지방자치단체, 지방자치단체조합과 재산세 과세대상 재산을 연부로 매매계약을 체결하고 그 재산의 사용권을 무상으로 받은 경우에는 그 매수계약자
5. 도시개발법에 따라 시행하는 환지 방식에 의한 도시개발사업 및 도시 및 주거환경정비법에 따른 정비사업(주택재개발사업 및 도시환경정비사업만 해당한다)의 시행에 따른 환지계획에서 일정한 토지를 환지로 정하지 아니하고 체비지 또는 보류지로 정한 경우에는 사업시행자

제 2 절 재산세의 과세표준과 세율은?

1. 재산세의 과세표준

토지·건축물·주택에 대한 재산세의 과세표준은 시가표준액[43]에 부동산 시장의 동향과 지방재정 여건 등을 고려하여 공정시장가액비율을 곱하여 산정한 가액으로 한다.

구 분	과세표준
토지 및 건축물	시가표준액×70%(공정시장가액비율)
주택	시가표준액×60%(공정시장가액비율)
선박 및 항공기	시가표준액

2. 세 율

(1) 표준세율

재산세의 표준세율은 다음과 같다. 지방자치단체의 장은 특별한 재정수요나 재해 등의 발생으로 재산세의 세율조정이 불가피하다고 인정되는 경우 조례가 정하는 바에 따라 표준세율의 50% 범위에서 가감할 수 있다. 다만, 가감한 세율은 해당 연도에 한하여 적용한다.

43) 토지 및 주택에 대한 시가표준액은 「부동산 가격공시 및 감정평가에 관한 법률」에 따라 공시된 가액으로 한다. 다만, 개별공시지가 또는 개별주택가격이 공시되지 아니한 경우에는 시장·군수 또는 구청장이 국토교통부장관이 제공한 토지가격비준표 또는 주택가격비준표를 사용하여 산정한 가액으로 하고, 공동주택가격이 공시되지 아니한 경우에는 일정 기준에 따라 시장·군수가 산정한 가액으로 한다. 건축물(새로 건축하여 건축 당시 개별주택가격 또는 공동주택가격이 공시되지 아니한 주택으로서 토지부분을 제외한 건축물을 포함한다), 선박, 항공기 및 그 밖의 과세대상에 대한 시가표준액은 거래가격, 수입가격, 신축·건조·제조가격 등을 고려하여 정한 기준가격에 종류, 구조, 용도, 경과연수 등 과세대상별 특성을 고려하여 일정 기준에 따라 지방자치단체의 장이 결정한 가액으로 한다(지방법 110).

1) 토 지

가. 종합합산과세대상

과세표준	세 율
5,000만원 이하	0.2%
5,000만원 초과 1억원 이하	10만원+5,000만원 초과금액의 0.3%
1억원 초과	25만원+1억원 초과금액의 0.5%

나. 별도합산과세대상

과세표준	세 율
2억원 이하	0.2%
2억원 초과 10억원 이하	40만원+2억원 초과금액의 0.3%
10억원 초과	280만원+10억원 초과금액의 0.4%

다. 분리과세대상

구 분	세 율
① 전·답·과수원·목장용지 및 임야	과세표준액×0.07%
② 골프장 및 고급오락장용토지	과세표준액×4%
③ ① 및 ② 외의 토지	과세표준액×0.2%

2) 주 택

구 분	과세표준	세 율
① 별장	과세표준액	4%
② ① 이외의 주택	6,000만원 이하	0.15%
	6,000만원 초과 1억5천만원 이하	6만원+6,000만원 초과금액의 0.15%
	1억5천만원 초과 3억원 이하	195,000원+1억5천만원 초과금액의 0.25%
	3억원 이하	570,000원+3억원 초과금액의 0.4%

3) 건축물

구 분	세 율
① 골프장·고급오락장용 건축물	과세표준액×4%
② 특별시. 광역시, 시지역의 주거지역 및 조례로 정하는 지역 안 의 공장용 건축물	과세표준액×0.5%
③ ① 및 ② 외의 건축물	과세표준액×0.25%

4) 선 박

구 분	세 율
① 고급선박	과세표준액×5%
② ① 외의 선박	과세표준액×3%

5) 항공기

구 분	세 율
항공기	과세표준액×3%

(2) 중과세율

과밀억제권역(산업단지 및 유치지역과 공업지역을 제외)에서 공장 신설·증설에 해당하는 경우 해당 건축물에 대한 재산세의 세율은 최초의 과세기준일부터 5년간 표준세율의 5배에 해당하는 세율로 한다.

제 3 절 재산세의 납세절차는?

1. 과세기준일과 납부기한

재산세의 과세기준일은 매년 6월 1일로 하며 재산세의 납기(납부기한)는 다음과 같다.

<table>
<tr><th colspan="2">구 분</th><th>납 기</th></tr>
<tr><td colspan="2">토 지</td><td>• 매년 9월 16일부터 9월 30일까지</td></tr>
<tr><td rowspan="2">주 택</td><td>해당 연도에 부과·징수할 세액의 1/2</td><td>• 매년 7월 16일부터 7월 31일까지
• 해당 연도에 부과징수할 세액이 10만원 이하인 경우에는 조례가 정하는 바에 따라 납기를 7월 16일부터 7월 31일까지로 하여 한꺼번에 부과·징수할 수 있음</td></tr>
<tr><td>나머지 1/2</td><td>• 9월 16일부터 9월 30일까지.</td></tr>
<tr><td colspan="2">건축물·선박·항공기</td><td>• 매년 7월 16일부터 7월 31일까지</td></tr>
</table>

지방사지단체의 장은 과세대상 누락, 위법 또는 착오 등으로 인하여 이미 부과한 세액을 변경하거나 수시부과 하여야 할 사유가 발생하면 수시로 부과징수할 수 있다.

2. 징수방법

(1) 개 요

재산세는 관할 지방자치단체의 장이 세액을 산정하여 보통징수방법[44]으로 부과징수한다.

재산세를 징수하려면 토지, 건축물, 주택, 선박 및 항공기로 구분한 납세고지서에 과세표준액과 세액을 적어 늦어도 납기개시 5일 전까지 발급하여야 한다.

(2) 물 납

지방자치단체의 장은 재산세의 납부세액이 1,000만원을 초과하는 경우에는 납세의무자의 신청을 받아 해당 지방자치단체의 관할구역에 있는 부동산에 대하여만 물납을 허가할 수 있다.

(3) 분 납

지방자치단체의 장은 재산세의 납부세액이 500만원을 초과하는 경우에는 납부할 세액의 일부를 납부기한이 지난 날부터 45일 이내에 분할납부하게 할 수 있다.

구 분	분할납부세액
납부할 세액이 500만원 초과 1천만원 이하인 경우	500만원을 초과하는 금액
납부할 세액이 1천만원을 초과하는 경우	그 세액의 50%이하의 금액

3. 소액징수면제

고지서 1장당 재산세로 징수할 세액이 2,000원 미만인 경우에는 해당 재산세를 징수하지 아니한다.

---

44) 보통징수란 세무공무원이 납세고지서를 당해 납세의무자에게 교부하고 징수하는 것을 말한다.

4. 세부담의 상한

해당 재산에 대한 재산세의 산출세액이 직전 연도의 해당 재산에 대한 재산세액 상당액의 150%를 초과하는 경우에는 150%에 해당하는 금액을 해당 연도에 징수할 세액으로 한다. 다만, 주택의 경우에는 다음에 의한 금액을 해당연도에 징수할 세액으로 한다.

주택공시가격	세부담의 상한
3억원 이하	직전 연도의 해당 주택에 대한 재산세액상당액의 105%
3억원 초과 6억원 이하	직전 연도의 해당 주택에 대한 재산세액상당액의 110%
6억원을 초과	직전 연도의 해당 주택에 대한 재산세액상당액의 130%

제 4 편

부동산 양도와 세금

제1장 양도소득세

CHAPTER

01 양도소득세

제 1 절 양도소득세란 무엇인가?

1. 양도소득세의 의의

양도소득이란 개인이 소유하는 토지, 건물 등의 부동산과 주식과 기타 자산을 양도할 때 발생하는 자산가사가치상승에 따른 이익을 말한다.

만약 부동산을 양도하여 발생하는 소득이 계속적이고 반복적으로 발생한다면 사업성이 있는 것으로 보고 부동산매매업으로서 사업소득에 해당된다. 따라서 양도소득은 부동산양도로 인한 소득이 일시적일 경우 양도소득으로 분류되어 종합소득과 별도로 과세된다.

2. 양도소득세의 납세의무자

양도소득세의 납세의무자는 과세대상 자산을 양도하여 소득이 발생하는 개인이다.

법인이 양도에 의해 소득이 발생할 경우 '각 사업연도과세소득'에 포함되며 법인세를 납부한다.

개인은 주소지 또는 거소지를 기준으로 거주자와 비거주자로 구분된다.

(1) 거주자의 납세의무

거주자는 국내에 주소를 두거나 1년 이상 거소를 둔 개인을 말한다. 거주자는 국내뿐만 아니라 외국에 소재하는 자산에 대해여 납세의무가 있다.

개인으로 보는 법인격 없는 단체[45], 즉 동창회, 종중, 교회 등도 양도소득세 납세의무가 있다.

(2) 비거주자의 납세의무

비거주자는 국내에 소재하는 자산에 대하여 납세의무가 있다.

(3) 공동소유자산

공동소유자산을 양도하여 발생하는 소득은 소유지분에 따라 소득이 분배되며 분배된 소득에 대하여 각 거주자별로 납세의무를 진다. 이 경우 공동소유자 상호간의 양도소득세에 대해 연대납세의무는 없다.

(4) 상속인의 납세의무

피상속인의 양도소득금액에 대하여 상속인이 납세의무를 승계하며, 상속인은 상속으로 얻은 재산을 한도로 납부할 의무가 있다. 피상속인의 양도소득금액과 상속인의 양도소득금액은 합산하지 않고 구분하여 계산한다.

---

45) 법인격 없는 단체란 설립등기를 하지 아니한 사단, 재단, 기타 단체를 말한다. 법인격 없는 단체는 법률상 권리의무의 주체가 될 수 없으나 세법은 조세채권확보와 법률관계의 명확화를 위하여 일정한 요건을 갖출 경우 법인으로 본다. 그러나 아래의 규정에 의해 법인으로 보지 아니하는 단체는 거주자로 본다. 법인격 없는 단체는 당연법인의제와 신청 및 신청에 의해 법인으로 의제하는 것으로 구분된다(국세기본법 제13조).

① 당연이 법인으로 보는 당연법인의제는 다음의 요건 중 하나를 갖추면 된다.

가. 주무관청의 허가, 인가를 받거나 등록한 사단, 재단 기타 단체로서 등기되지 아니한 것

나. 공익을 목적으로 출연된 기본재산이 있는 재단으로서 등기되지 아니한 것

② 단체의 신청과 과세당국의 승인에 의해 법인으로 보는 경우이다.

아래의 요건을 모두 갖추면 관할세무서장의 승인을 얻어 법인으로 본다.

가. 정관을 가지고 대표자 또는 관리인을 선임하고 있을 것

나. 독립적으로 수익과 재산을 소유하고 관리할 것

다. 단체의 수익을 구성원에게 분배하지 아니할 것

(5) 연대납세의무

양도소득은 거주자별로 납세의무를 진다. 그러나 특수한 경우 연대하여 납세의무를 진다. 특수한 경우란 양도소득세를 부당하게 감소시키기 위해 특수관계자에게 자산을 증여한 후 그 증여받은 자가 증여일로부터 5년 이내에 이를 타인에게 양도하는 것을 말한다. 이 경우 증여자가 직접 양도한 것으로 보며 당해 양도소득에 대해 증여자와 수증자가 연대하여 납세의무를 진다. 만약 증여자가 재산이 없다면 양도소득세를 징수히지 못하는 섯을 방지하기 위해 만들어진 규정이다.

3. 납세지

납세지란 납세자가 양도소득세에 대한 신고, 납부 등을 하는 관할세무서를 말한다.

(1) 거주자의 납세지

거주자의 소득세 납세지는 그 주소지로 한다.

(2) 비거주자의 납세지

주된 국내사업장의 소재지로 한다. 국내사업장이 없는 경우에는 양도소득이 발생하는 양도자산의 소재지를 납세지로 한다.

(3) 상속의 경우 납세지

상속에 의해 피상속인의 양도소득에 대한 납세의무를 상속인이 승계한 경우 그 소득세의 납세지는 피상속인, 상속인, 납세관리인의 주소지나 거소지 중 상속인 또는 납세관리인이 납세지로 신고한 장소로 한다. 신고가 없는 경우 당해 피상속인의 주소지를 납세지로 한다.

4. 과세기간

(1) 원 칙

소득세는 매년 1월 1일부터 12월 31일까지 1년분의 소득금액에 대하여 과세한다.

(2) 거주자가 사망한 경우

거주자가 사망한 경우에는 1월 1일부터 사망한 날까지의 소득금액에 대하여 소득세를 과세한다.

(3) 거주자가 출국한 경우

거주자가 주소 등을 국외로 이전하여 비거주자가 된 경우에는 1월 1일부터 출국한 날까지의 소득금액에 대하여 소득세를 과세한다.

5. 양도소득세 부과제척기간

양도소득세의 부과제척기간이란 양도소득에 대한 소득세를 부과할 수 있는 기간을 말한다. 아래와 같은 부과제척기간이 경과한 후에는 양도소득세를 부과할 수 없다. 양도소득세의 부과제척기간은 양도한 날이 속하는 다음연도의 6월 1일부터 기산한다.

구분	제척기간
① 납세자가 사기나 그 밖의 부정한 행위로 국세를 포탈하거나 환급공제 받은 경우	10년
② 납세자가 법정신고기한까지 과세표준 신고서를 제출하지 아니한 경우	7년
③ 위 ① 및 ②에 해당하지 아니한 경우	5년

제 2 절 자산의 양도란?

1. 양도로 보는 경우

소득세법상 양도소득세 과세대상인 자산의 양도란 자산에 대한 등기 또는 등록에 관계없이 매도, 교환, 법인에 대한 현물출자 등으로 인하여 사실상 이전되는 것을 말한다.

소득세법상 양도로 보는 경우를 살펴보면 아래와 같다.

(1) 매 매

민법에 의하면 매매란 당사자 일방이 재산권을 상대방에게 이전할 것을 약정하고 상대방이 그 대금지급을 약정함으로써 그 효력이 생기는 것을 말한다. 자산양도의 일반적인 형태이다.

(2) 교 환

당사자 쌍방이 금전이외의 재산권을 상호 이전할 것을 약정함으로서 그 효력이 생기는 유상계약이다.

(3) 현물출자

현물출자란 회사의 설립하거나 증자를 할 때에 금전이외의 자산을 출자하고 주식 또는 출자지분을 취득하는 것을 말한다.

(4) 협의매수, 수용, 공매, 경매, 물납 등

'공익사업을위한토지등의취득및보상에관한법률' 등에 의하여 부득이하게 매도하거나 공매 또는 경매에 의해 매도된 경우를 말한다. 양도소득세 과세대상 자산으로 조세를 물납한 경우에도 양도에 해당한다.

(5) 이혼위자료 등

당사자의 합의 또는 법원의 확정판결에 의하여 일정액의 위자료를 지급하기로 하고 동 위자료를 당사자일방이 소유하고 있던 부동산으로 지급한 때에는 양도로 본다.

(6) 부담부 증여

부담부 증여란 증여자가 재산을 증여하면서 당해 재산에 담보된 증여자의 채무를 함께 인계하는 것을 말한다. 부담부 증여에 의해 증여자의 채무를 수증자가 인수하는 경우에는 증여가액 중 채무액에 상당하는 금액은 그 재산이 유상으로 사실상 이전되는 것으로 본다.

수증자의 채무부담분 = 증여자의 양도소득세 과세
수증자의 증여세과세가액 = 증여재산가액 − 채무부담분

2. 양도로 보지 않는 경우

(1) 환지처분

「도시개발법」이나 그 밖의 법률에 따른 환지처분으로 지목 또는 지번이 변경되거나 보류지(保留地)로 충당되는 경우에는 양도로 보지 아니한다.

환지처분이란 「도시개발법」에 의한 도시개발사업, 「농어촌정비법」에 의한 농업생산기반 정비사업 그 밖의 법률에 따라 사업시행자가 사업완료 후에 사업구역내의 토지소유자 또는 관계인에게 종전의 토지 또는 건축물 대신에 그 구역내의 다른 토지 또는 사업시행자에게 처분할 권한이 있는 건축물의 일부와 그 건축물이 있는 토지의 공유지분으로 바꾸어주는 것(사업시행에 따라 분할·합병 또는 교환하는 것을 포함한다)을 말한다.

보류지란 사업시행자가 해당 법률에 따라 일정한 토지를 환지로 정하지 아니하고 다음의 용도로 사용하기 위하여 보류한 토지를 말한다.

① 해당 법률에 따른 공공용지

② 해당 법률에 따라 사업구역 내의 토지소유자 또는 관계인에게 그 구역내의 토지로 사업비용을 부담하게 하는 경우의 해당 토지인 체비지[46]

46) 토지소유자 또는 관계인이 사업구역내에 소재하는 토지로 사업비용을 부담하는 경우, 그 사업비용으로 양도하는 사업자에게 양도하는 토지를 말한다.

(2) 공유물분할

공동소유의 토지를 소유지분별로 단순히 분할하거나 공유자 지분 변경 없이 2개 이상의 공유토지로 분할하였다가 분할한 공유토지를 단순히 재분할 하는 경우에도 양도로 보지 아니한다. 그러나 공동지분이 변경되는 경우에는 변경되는 부분이 유상으로 이전되었다면 양도소득세가 과세되고, 무상으로 이전되었다면 증여세가 과세된다.

(3) 명의신탁해지[47]

명의신탁이란 소유관계를 공시하도록 되어 있는 부동산 등에 대하여 소유자 명의를 실소유자가 아닌 타인 이름으로 해놓는 것을 말하며 실제 소유자를 신탁자, 명의상 소유자로 된 사람을 수탁자라고 한다. 법원의 확정판결에 의해 신탁해지를 원인으로 실소유자에게 원상회복하는 소유권이전등기를 하는 경우 양도로 보지 않는다.

(4) 재산분할청구권에 따른 소유권이전

이혼합의서에 재산분할청구로 인한 소유권이전임을 확인할 수 있는 경우 또는 재산분할의 협의가 이루어지지 않아 가정법원에 재산분할청구권을 행사하여 소유권이전이 이루어지는 경우에는 공동재산에 대한 자기지분을 환원받은 것으로 보아 양도로 보지 않는다. 다만, 이혼 당사자 일방이 혼인 전에 취득한 고유재산으로 소유권이전하는 경우에는 대물변제에 의한 양도로 보아 양도소득세를 과세한다. 따라서 재산분할청구권은 혼인 후 취득한 재산에 대하여만 적용한다.

(5) 양도담보

채무자가 채무의 변제를 담보하기 위하여 자산을 양도하는 계약을 체결한 경우 양도로 보지 아니한다. 등기형식은 비록 양도이나 실질적으로 담보제공이므로 양도소득세가 과세되지 않는다. 또한 담보목적이 달성되어 담보제공자에게 소유권을 환원하여 주는 경우에도 양도로 보지 않는다.

---

47) 부동산실권리자명의등기에 관한 법률에 의하면 1995.7.1.이후에 명의신탁을 약정하는 경우 무효이다. 다만 배우자간 종중 등은 예외이다.

그러나 양도담보계약을 체결한 후 계약요건에 위배되거나 채무불이행으로 인하여 당해 자산을 변제에 충당한 때에는 그 때에 양도한 것으로 본다.

(6) 본인이 경락받은 경우

자기의 소유자산이 제3자의 채무에 대한 담보로 제공되었다가 제3자인 채무자가 채무변제를 하지 아니하여 당해 담보자산이 경매 개시되어 당초 소유자가 자기명의로 경락을 받은 경우에는 양도에 해당하지 않는다.

연습문제

객관식 문제

1. 소득세법 상 양도소득세 과세대상이 되는 양도에 해당하지 않는 것은?

① 이혼시 재산분할에 의한 양도
② 법인에 대한 현물출자
③ 부담부 증여시 채무상당액
④ 이혼위자료를 부동산 등으로 지급

2. 소득세법상 양도소득세의 과세대상이 되는 부동산 양도에 해당하는 것으로만 묶인 것은? 2013 9급 세무직

ㄱ. 대물변제에 의한 소유권 이전
ㄴ. 공유물의 소유지분별 분할(공유지분 변동 없음)
ㄷ. 경매에 의한 소유권 이전
ㄹ. 도시개발법에 의한 보류지 충당
ㅁ. 이혼시 재산분할에 따른 소유권 이전

① ㄱ,ㄷ ② ㄱ,ㅁ ③ ㄴ,ㄷ ④ ㄴ,ㄹ

3. 소득세법상 토지의 소유권이 다음의 사유로 이전되었을 경우 양도소득세 과세대상에 해당되는 것만을 모두 고른 것은? 2010 9급 세무직

ㄱ. 채무자의 변제에 충당
ㄴ. 타인의 건물과 교환
ㄷ. 체비지로 충당
ㄹ. 공인사업 시행자의 수용
ㅁ. 부동산업자의 상가 신축판매

① ㄱ,ㄴ,ㄷ ② ㄱ,ㄴ,ㄹ ③ ㄴ,ㄷ,ㄹ ④ ㄷ,ㄹ,ㅁ

제 3 절 양도소득의 과세대상자산은?

양도소득세 과세대상자산에는 토지와 건물, 부동산에 관한 권리, 주식, 기타자산이 있으며 이에 대하여 양도소득세를 과세하는 것이다. 소득세법은 열거주의이므로 소득세 과세대상으로 열거되지 않은 자산의 양도에 대해서는 과세되지 않는다. 상장주식, 자동차 등의 양도에 대해서는 과세되지 않는 것이 그 예이다.

주식 등과 기타자산에 모두 해당되는 경우 기타자산으로 본다.

구 분	과세대상
부동산	토지
	건물
부동산에 관한 권리	부동산을 취득할 수 있는 권리
	지상권
	전세권·등기된 부동산임차권
주식 등	상장주식의 대주주가 양도하는 주식 등과 장외거래주식 등
	비상장주식
기타자산	일정 요건을 충족하는 부동산 과다법인의 주식
	특정 업종을 영위하는 부동산과다보유법인의 주식
	사업용 고정자산과 함께 양도하는 영업권
	특정 시설물이용권·회원권

1. 부동산

(1) 토 지

토지란 「측량·수로조사 및 지적에 관한 법률」에 따라 지적공부에 등록하여야 할 지목에 해당하는 것을 말한다(소득법 94).

지목은 전, 답, 과수원, 임야, 목장용지, 공원, 잡종지 등 용도에 따라 구분하여 정한다.

(2) 건 물

건물이란 건물과 건물에 부속된 시설물과 구축물을 포함한다.

2. 부동산에 관한 권리

(1) 부동산을 취득할 수 있는 권리

부동산을 취득할 수 있는 권리란 부동산의 취득을 주목적으로 하는 권리로서 향후 추가적인 요건을 구비하거나 일정한 절차를 거쳐 그 부동산을 취득할 수 있는 권리를 의미한다. 건물이 완성되는 때에 그 건물과 이에 딸린 토지를 취득할 수 있는 권리를 포함하며 그 예는 아래와 같다.

① 아파트 당첨권 등 건물이 완성되는 때에 그 건물과 이에 부수되는 토지를 취득할 수 있는 권리

② 지방자치단체, 한국토지공사가 발행하는 토지상환채권

③ 대한주택공사가 발행하는 주택상환채권

④ 부동산매매계약을 체결한 자가 계약금만 지급한 상태에서 양도하는 권리

(2) 지상권

지상권이란 타인의 토지에 건물 기타 공작물이나 수목을 소유하기 위하여 그 토지를 사용하는 권리를 말한다. 지상권은 부동산등기법에 의해 등기하여 그 권리를 확보하나 실질과세원칙에 의하여 등기등록에 관계없이 사실

상 양도되는 경우에 과세된다.

(3) 전세권과 등기된 부동산임차권

전세권이란 전세금을 지급하고 타인의 부동산을 점유하며 그 부동산의 용도에 따라 사용수익하며 그 부동산 전부에 대하여 후순위 권리자 기타 채권자보다 전세금을 우선하여 변제받을 수 있는 권리[48]를 말한다.

전세권자는 부동산등기법에 의해 등기하여 당사자 및 제3자에게 대항할 수 있으며[49] 그 권리를 타인에게 양도 또는 담보로 제공할 수 있고 전세권을 양도할 경우 양도소득세 과세대상이 된다. 지상권과 마찬가지로 등기 등록과 관계없이 사실상 양도되는 경우에 과세대상이 된다.

부동산임차권이란 당사자 일방이 상대방에게 목적물을 사용 수익하게 할 것을 약정하고 상대방이 이에 대하여 일정금액을 지급할 것을 약정함으로서 효력이 발생한다.[50] 지상권 및 전세권과는 달리 등기된 부동산임차권에 한하여 과세한다. 그러므로 등기되지 않는 부동산임차권은 과세대상이 되지 않는다. 다만 사업소득이 발생하는 점포를 양도함으로서 권리금은 등기여부에 관계없이 종합소득으로 과세한다.

3. 주식 또는 출자지분

양도소득 과세대상이 되는 주식 또는 출자지분(신주인수권과 대통령령으로 정하는 증권예탁증권을 포함한다. 이하 이 장에서 "주식 등"이라 한다)은 아래와 같다.

(1) 상장주식

「자본시장과 금융투자업에 관한 법률」에 따른 주권상장법인(이하 "주권상장법인"이라 한다)의 주식 등으로서 소유주식의 비율·시가총액 등을 고려하여 대통령령으로 정하는 대주주가 양도하는 것과 증권시장에서의 거래에 의

48) 민법 제303조 ①항
49) 민법 제106조
50) 민법 제618조

하지 아니하고 양도하는 것

(2) 비상장주식

주권상장법인이 아닌 법인의 주식 등을 말한다.

4. 기타자산

(1) 사업용 고정자산과 함께 양도하는 영업권

사업용 고정자산(제1호 및 제2호의 자산을 말한다)과 함께 양도하는 영업권(영업권을 별도로 평가하지 아니하였으나 사회통념상 자산에 포함되어 함께 양도된 것으로 인정되는 영업권과 행정관청으로부터 인가·허가·면허 등을 받음으로써 얻는 경제적 이익을 포함한다)

(2) 특정시설물이용권

이용권·회원권, 그 밖에 그 명칭과 관계없이 시설물을 배타적으로 이용하거나 일반이용자보다 유리한 조건으로 이용할 수 있도록 약정한 단체의 구성원이 된 자에게 부여되는 시설물 이용권(법인의 주식 등을 소유하는 것만으로 시설물을 배타적으로 이용하거나 일반이용자보다 유리한 조건으로 시설물 이용권을 부여받게 되는 경우 그 주식 등을 포함한다)

(3) 특정주식

부동산 등의 소유비율이 50% 이상인 법인의 주식 또는 출자지분을 양도하는 경우 과세한다. 이러한 주식은 주식의 양도만으로 부동산의 양도와 동일한 것으로 보아 당해 주식의 양도에 대하여 부동산과 같이 과세하도록 하고 있으며 상장 또는 비상장여부를 관계없이 과세한다. 아래의 요건에 해당하는 경우 특정주식의 양도라 한다.

① 3년내 주식 등의 양도비율이 50% 이상

당해 법인의 주주 1인 및 기타 주주가 그 법인의 주식 등의 합계액의 100분의 50 이상을 주주 1인 및 특수관계인외의 자에게 양도하는 경우의 당해 주식 등

② 자산총액 중 부동산 등의 비율이 50% 이상

당해 법인의 자산총액[51]중 부동산 및 부동산에 관한 권리에 대한 자산가액의 합계액이 차지하는 비율이 100분의 50 이상인 법인

③ 주식 등의 보유비율이 50%이상

당해 법인의 주식 등의 합계액 중 주주 1인과 기타 주주가 소유하고 있는 주식 등의 합계액이 차지하는 비율이 100분의 50 이상인 법인

(4) 부동산 과다보유법인의 주식

부동산과다보유법인의 주식이란 법인의 자산총액 중 부동산등의 보유비율이 80% 이상인 법인으로서 체육시설업, 부동산업, 부동산개발업 등을 영위하는 법인의 주식을 말한다. 부동산과다법인의 주식은 상장과 비상장을 불문하며 단 1주를 양도하더라고 양도소득세가 과세된다.

부동산과다법인의 주식에 해당하는 요건은 아래와 같다.

① 자산총액 중 부동산 등의 비율이 80% 이상

당해 법인의 자산총액 중 부동산 및 부동산에 관한 권리에 해당하는 자산가액의 합계액이 차지하는 비율이 100분의 80 이상인 법인

② 골프장 등 체육시설업 등의 업종을 영위하는 법인

「체육시설의 설치·이용에 관한 법률」에 의한 골프장업·스키장업 등 체육시설업 및 「관광진흥법」에 의한 관광사업 중 휴양시설관련업과 부동산업·부동산개발업을 직접 경영하거나 분양 또는 임대하는 법인

(5) 특정주식과 부동산과다법인의 주식

특정주식과 부동산과다법인의 주식을 비교하면 아래와 같다.

---

51) 자산총액 및 자산가액은 해당 법인의 장부가액(토지·건물로서 해당 자산의 기준시가가 장부가액보다 큰 경우에는 기준시가)에 의한다. 이 경우 다음의 금액은 자산총액에 포함하지 아니한다

① 「법인세법」 규정에 따른 무형고정자산 중 개발비, 사용수익기부자산가액

② 양도일부터 소급하여 1년이 되는 날부터 양도일까지의 기간 중에 차입금 또는 증자 등에 의하여 증가한 현금·「상속세 및 증여세법」의 규정에 의한 금융재산 및 대여금의 합계액

요 건		특정 주식	부동산과다법인의 주식
해당 법인	토지·건물 및 부동산에 관한 권리	자산총액의 50% 이상	자산총액의 80% 이상
	업종	업종 제한 없음	골프장, 스키장, 콘도미니업 등 체육시설업, 휴양시설관련업, 부동산업
양도하는 주주	지분비율	주주 1인 및 특수관계자 소유주식 합계액이 50% 이상인 주주	–
	양도비율	소급하여 3년간 50% 이상 양도하는 경우	1주이상

연습문제

객관식 문제

1. 다음 중 양도소득세 과세대상 자산이 아닌 것은?

① 사업용 고정자산과 함께 양도하는 영업권
② 등기하지 아니한 국내 부동산 임차권
③ 토지 건물 및 부동산에 관한 권리의 자산가액이 총자산의 50% 이상인 법인이 발행한 주식의 50% 이상을 주주1인과 기타 특수관계에 있는 자가 소유하고 있는 그 법인주식의 50% 이상을 양도하는 경우의 당해주식
④ 아파트 당첨권의 양도소득

2. 다음 중에서 양도소득세가 과세되는 것은? 2009 9급 세무직

① 특허권 양도로 인하여 발생한 소득
② 영업권 양도(사업용 고정자산과 함께)로 인하여 발생한 소득
③ 유가증권시장을 통한 상장주식의 양도로 인하여 발생한 소득(대주주 아님)
④ 사업용 기계장치 양도로 인하여 발생한 소득

3. 양도소득세의 과세대상에 속하지 않는 것은? 2007 9급 세무직

① 사업용고정자산과 함께 양도하는 영업권
② 건물이 완성되는 때에 그 건물과 이에 부수되는 토지를 취득할 수 있는 권리
③ 지상권과 전세권
④ 미등기된 부동산 임차권

제 4 절 양도 또는 취득의 시기는 언제인가?

양도소득과세 대상인 토지, 건물, 주식 등의 양도 또는 취득의 시기는 양도소득의 귀속시기, 적용세율 등에 영향을 미치므로 매우 중요하다.

일반적으로 부동산의 경우 매매계약체결 후 계약금 지급, 중도금의 지급, 산금의 지급과 소유권이전등기의 과정을 거쳐 소유권이 이전된다. 이 가운데 어느 시점이 양도 또는 취득의 시기인가를 결정하는 것을 말한다. 현행 소득세법은 양도 또는 취득의 시기를 다음과 같이 규정하고 있다.

소득세법은 자산의 양도차익을 계산할 때 그 취득시기 및 양도시기는 원칙적으로 해당 자산의 대금을 청산한 날로 본다.

다만, 대금을 청산한 날이 분명하지 않은 경우 등 특수한 경우의 양도 및 취득시기는 아래와 같다.

1. 일반적인 거래

구 분	취득시기 또는 양도시기
① 원칙	해당 자산의 대금을 청산한 날
② 대금을 청산한 날이 분명하지 아니한 경우	등기·등록접수일 또는 명의개서일
③ 대금을 청산하기 전에 소유권이전등기(등록 및 명의개서 포함)를 한 경우	소유권이전등기(등록 및 명의개서 포함) 등기접수일
④ 장기할부조건의 경우[52]	소유권이전등기(등록 및 명의개서 포함) 접수일·인도일 또는 사용수익일 중 빠른 날

52) 장기할부조건은 자산의 양도로 인하여 해당 자산의 대금을 월부·연부, 기타의 부불방법에 따라 수입하는 것 중 다음 요건을 갖춘 것을 말한다.
① 해당 자산의 양도대금을 2회 이상으로 분할하여 수입할 것
② 양도하는 자산의 소유권이전등기(등록 및 명의개서 포함)접수일·인도일 또는 사

2. 특수한 거래

구 분	취득시기 또는 양도시기
① 자기가 건설한 건축물	사용승인서 교부일, 사실상의 사용일 또는 사용승인일 중 빠른 날
② 상속 또는 증여에 의하여 취득한 자산	상속이 개시된 날 또는 증여를 받은 날(등기접수일)
③ 「민법」의 규정에 의해 점유로 인하여 부동산의 소유권을 취득하는 경우	해당 부동산의 점유를 개시한 날
④ 공익사업을 위하여 수용	대금을 청산한 날, 수용의 개시일 또는 소유권이전등기접수일 중 빠른 날
⑤ 완성 또는 확정되지 아니한 자산을 양도 또는 취득한 경우로서 해당 자산의 대금을 청산한 날까지 그 목적물이 완성 또는 확정되지 아니한 경우	그 목적물이 완성 또는 확정된 날. 이 경우 건설 중인 건물의 완성된 날에 관하여는 자기가 건설한 건축물의 경우를 준용함.
⑥ 환지처분으로 인하여 취득한 토지	환지 전의 토지의 취득일
⑦ 수회에 걸쳐 기타자산 중 특정 주식을 취득하는 경우	양도주식수가 총주식의 50% 이상이 되는 날
⑧ 양도한 자산의 취득시기가 분명하지 않은 경우	먼저 취득한 자산을 먼저 양도한 것으로 봄

용수익일 중 빠른 날의 다음날부터 최종 할부금의 지급기일까지의 기간이 1년 이상인 것

3. 취득시기의 의제

1984년 및 1985년 이전에 취득한 각각의 자산은 아래의 시기에 취득한 것으로 본다.

취득시기 의제일은 아래와 같다.

구 분	의제취득일
① 1984년 12월 31일 이전에 취득한 토지·건물·부동산에 관한 권리, 특정상장주식, 기타 자산	1985년 1월 1일
② 1985년 12월 31일 이전에 취득한 비상장주식	1986년 1월 1일

쉬어가는 코너[53] 부동산 양도시기를 조절하여 세부담을 줄이는 방법

부동산 양도차익은 양도시의 실지거래가에서 취득시의 실지거래가와 취득세, 부동산중개수수료 등을 합한 필요경비를 차감하여 계산하다. 양도차익에서 부동산의 보유기간을 고려하여 장기보유특별공제를 계산하여 차감하고, 양도소득공제를 한다(이를 세법에서는 과세표준이라 한다). 이렇게 계산된 과세표준의 크기와 보유기간을 고려하여 다양한 세율이 적용된다.

이러한 점에서 부동산은 가급적 2년 이상 보유하는 것이 유리하다. 특히 주택의 경우 1세대 1주택은 2년 이상 보유하여야 세금을 내지 않는다. 1세대 1주택이 아니더라도 부동산은 보유기간에 따라 세율이 달라진다. 일반적인 부동산은 보유기간이 1년 미만이면 50%, 2년 미만이면 40%, 2년 이상 보유하면 소득금액의 크기에 따라 6% ~ 38%의 세율로 양도소득세를 계산한다. 소득금액의 크기는 1년 단위로 계산된다. 2건 이상의 양도가 있었다면 합산하며, 그 금액이 클수록 높은 세율을 적용하는 것이다. 주택은 일반부동산과 달리 1년 미만이면 40%, 1년 이상 보유하면 6%~ 38%의 세율을 2014년부터 적용한다.

5,000만원의 양도차익을 남긴 상가를 양도한다고 가정해보자. 보유기간이 2년 1개월이면 6백18만원의 양도소득세를 내면 된다. 그러나 보유기간이 1년 11개월이라면 양도소득세는 1천9백만원이다. 만약 보유기간이 11개월이라면 양도소득세는 2천3백75만원이며 2년 이상 보유한 경우에 비하여 1천 7백 57만원을 더 내게 되는 결과이다.

양도차익의 일정률만큼 차감해주는 장기보유특별공제는 3년 이상 보유하면 장기간 보유한 것으로 보고 양도차익의 15%를 차감해주며 10년 이상 보유하면 최대 30%까지 공제해준다.

그렇다면 보유기간은 어떻게 계산할 까? 보유기간은 취득일에서 양도일까지를 말하며 이는 잔금청산일을 기준으로 한다. 즉 취득시점의 잔금청산일로부터 양도시점의 잔금청산일까지가 보유기간이 되는 것이다. 만약 잔금청산일이 분명하지 않다거나 잔금 청산 전에 소유권이전이 되었다면 소유권 이전 등기접수일을 양도일로 본다. 따라서 양도계약서를 작성할 때 취득일을 확인하여 보유기간이 2년 또는 1년 미만이라면 잔금청산일을 조정하여 보유기간이 2년 이상, 1년 이상 될 수 있도록 하고, 등기접수 또한 연기하는 것이 세금을 줄일 수 있는 방법이 된다.

부동산 양도시기와 관련하여 또 하나 주의해야 할 사항이 있다. 6월 1일을 기준으로 양도계약을 한다면 그 시기를 조정해야 한다.

재산세 및 종합부동산세는 과세기준일이 매년 6월 1일이다. 그러므로 양도할 때는 잔금

청산과 등기를 6월 1일 전에 하는 것이 유리하다. 6월1일 이후에 양도하게 된다면 재산세나 종합부동산세가 부과되는 시점인 7월말, 9월말 또는 12월 초에 부동산을 소유하고 있지 않더라도 재산세나 종합부동산세를 납부하여야 하기 때문이다. 반대로 부동산을 매수한다면 잔금을 6월 1일 이후에 주는 것이 당연히 유리하다.

또 하나 유의할 점은 2건 이상의 부동산을 양도하는 경우이다. 동일한 년도에 양도하면 양도소득이 합산되고 양도차익에서 공제받을 수 있는 양도소득기본공제를 250만원만 공제받게 된다. 그러나 각각 다른 연도에 양도한다면 각 연도마다 양도소득기본공제를 따로 받을 수 있고 양도소득이 합산되지 않는다. 그러므로 합산하는 경우에 비해 양도소득이 작아 더 낮은 세율을 적용받게 될 것이다. 그러므로 가능하다면 각각 다른 연도에 양도하도록 시기를 조정하는 것이 유리하다. 반면에 만약 양도로 인해 손실이 있었다면 양도차익이 발생하는 다른 부동산을 같은 해에 양도하는 것이 유리하다. 양도로 인한 손실은 같은 해의 양도차익에서만 차감할 수 있기 때문이다.

53) 저자의 기고에 의해 매일신문에 게재되었던 내용입니다.

제 5 절 양도가액과 취득가액은?

1. 양도소득금액의 계산

양도소득은 양도가액에서 필요경비와 장기보유특별공제를 차감하여 계산한다.

	총수입금액
−	필요경비
=	양도차익
−	장기보유특별공제
=	양도소득금액
−	양도소득기본공제
=	양도소득과세표준

2. 양도가액과 취득가액의 산정

(1) 원 칙

자산의 양도가액 또는 취득가액은 그 자산의 양도 또는 취득 당시의 양도자와 양수자 간에 실제로 거래한 가액(이하 "실지거래가액"이라 한다)에 따른다. 그러나 실지거래가액을 인정할 수 없는 경우에는 다음의 방법을 순차적으로 적용하여 양도가액 또는 취득가액을 산정할 수 있다.

다만, 양도가액이며 실지거래가액이면 취득가액도 실지거래가액을 적용하며 양도가액을 기준시가로 적용하면 취득가액도 기준시가로 한다.

	양도가액	취득가액
실지거래가액	① 실지양도가액 ② 매매사례가액 ③ 감정가액	① 실지양도가액 ② 매매사례가액 ③ 감정가액 ④ 환산취득가액
기준시가	④ 기준시가	⑤ 기준시가

환산가액은 다음의 방법으로 산정한 가액을 말한다.

$$\text{환산한 취득가액} = \text{양도 당시의 실지거래가액, 매매사례가액 또는 감정가액} \times \frac{\text{취득 당시의 기준시가}}{\text{양도 당시의 기준시가}}$$

(2) 토지와 건물을 일괄 취득 또는 양도한 경우

양도가액 또는 취득가액을 실지거래가액에 따라 산정하는 경우로서 토지와 건물 등을 함께 취득하거나 양도한 경우에는 이를 각각 구분하여 기장하되 토지와 건물 등의 가액 구분이 불분명할 때에는 취득 또는 양도 당시의 기준시가 등을 고려하여 안분 계산한다. 이 경우 공통되는 취득가액과 양도비용은 해당 자산의 가액에 비례하여 안분 계산한다.

(3) 상속 증여받은 경우

상속 증여받은 자산에 대하여 실지거래가액을 적용할 때는 상속개시일 또는 증여일 현재의 평가가액을 취득 당시의 실지거래가액으로 본다.

상속증여의 평가가액은 1순위가 시가(감정가액)이며 2순위는 기준시가이다.

(4) 전소유자의 양도가액의 확인되는 경우

자산을 양도한 거주자가 그 자산 취득 당시 실지거래가액을 확인한 사실이 있는 경우에는 이를 그 거주자의 취득 당시의 실지거래가액으로 본다.

다만, 다음 중 어느 하나에 해당하는 경우에는 그러하지 아니하다.

1. 해당 자산에 대한 전 소유자의 양도가액이 경정되는 경우

2. 전 소유자의 해당 자산에 대한 양도소득세가 비과세되는 경우로서 실지거래가액보다 높은 가액으로 거래한 것으로 확인한 경우

(5) 매수자가 양도소득세 부담한 경우

매도자는 양도소득세 상당액을 양도가액에 포함하며 매수자는 세액상당액을 필요경비에 산입한다.

3. 실지거래가액의 추계결정·경정

(1) 추계결정 및 경정의 사유

양도가액 및 취득가액은 원칙적으로 실지거래가액이나 다음의 경우 실지거래가액을 추계에 의해 결정 또는 경정할 수 있다.

① 양도 또는 취득 당시의 실지거래가액의 확인을 위하여 필요한 장부·매매계약서·영수증 기타 증빙서류가 없거나 그 중요한 부분이 미비한 경우

② 장부·매매계약서·영수증 기타 증빙서류의 내용이 매매사례가액, 감정평가법인이 평가한 감정가액 등에 비추어 허위임이 명백한 경우

(2) 실지거래가액의 추계결정 경정 방법

실지거래가액을 인정할 수 없는 경우 다음의 방법을 순차적으로 적용하여 양도가액 및 취득가액으로 산정할 수 있으며 각각의 산정방법은 아래와 같다.

적용순위	내 용
매매사례가액	양도일 또는 취득일 전후 각 3개월 이내에 해당 자산(주권상장법인의 주식 등을 제외)과 동일성 또는 유사성이 있는 자산의 매매사례가 있는 경우 그 가액
감정가액	양도일 또는 취득일 전후 각 3개월 이내에 해당 자산(주식 등을 제외)에 대하여 2 이상의 감정평가법인이 평가한 것으로서 신빙성이 있는 것으로 인정되는 감정가액(감정평가기준일이 양도일 또는 취득일 전후 각 3월 이내인 것에 한함)이 있는 경우에는 그 감정가액의 평균액
환산한 취득가액	양도 당시의 실지거래가액, 매매사례가액 또는 감정가액을 기준시가에 의하여 환산한 취득가액
기준시가	소득세법의 규정에 따라 토지, 건물 등에 대해 국세청등이 정한 가격

4. 필요경비

양도차익의 계산에서 양도가액에서 공제하는 필요경비는 취득가액과 기타필요경비로 규정할 수 있다. 기타필요경비는 취득이후 자산의 내용연수 연장 또는 자산가치의 증가를 위해 지출되는 자본적지출액과 양도관련 직접 지출비용 등 양도가액에 직접대응되는 비용을 의미한다.

(1) 취득가액을 실지거래가액으로 계산하는 경우

양도가액에서 공제되는 필요경비는 아래와 같다.

가. 취득가액: 자산의 취득에 소요된 실지거래가액

나. 자본적지출액

다. 양도비

1) 자본적지출액의 범위(소득령 163 ③)

① 자본적 지출액(감가상각자산의 내용연수를 연장시키거나 해당 자산의 가치를 현실적으로 증가시키는 수선비)

② 양도자산을 취득한 후 쟁송이 있는 경우에 그 소유권을 확보하기 위하여 직접 소요된 소송비용·화해비용 등의 금액으로서 그 지출한 연도의 각 소득금액의 계산에 있어서 필요경비에 산입된 것을 제외한 금액

③ 양도자산의 용도변경·개량 또는 이용편의를 위하여 지출한 비용

④ 「개발이익환수에 관한 법률」에 따른 개발부담금(개발부담금의 납부의무자와 양도자가 서로 다른 경우에는 양도자에게 사실상 배분될 개발부담금 상당액을 말함)

⑤ 「재건축초과이익 환수에 관한 법률」에 따른 재건축부담금(재건축부담금의 납부의무자와 양도자가 서로 다른 경우에는 양도자에게 사실상 배분될 재건축부담금상당액을 말함)

2) 양도비용(소득령 163 ⑤)

① 자산을 양도하기 위하여 직접 지출한 비용으로서 다음의 비용

㉠ 「증권거래세법」에 따라 납부한 증권거래세

㉡ 양도소득세과세표준 신고서 작성비용 및 계약서 작성비용

㉢ 공증비용, 인지대 및 소개비

② 토지 또는 건물을 취득함에 있어서 법령 등의 규정에 따라 매입한 국민주택채권 및 토지개발채권을 만기 전에 양도함으로써 발생하는 매각차손

(2) 취득가액을 매매사례가액, 감정가액, 환산가액, 기준시가로 계산하는 경우

가. 취득가액: 취득당시의 매매사례가액, 감정가액, 환산가액, 기준시가

나. 필요경비: 필요경비개산공제액

1) 필요경비 개산공제액

구 분	등기자산	미등기자산
토지·건물	취득 당시 기준시가×3%	0.3%
개별주택, 공동주택, 상업용건물, 오피스텔	취득 당시 국세청장 고시가액×3%	0.3%
지상권·전세권·등기된 부동산 임차권	취득 당시 기준시가×7%	1%
기타의 자산[54]	취득 당시 기준시가×1%	해당없음

54) 부동산을 취득할 수 있는 권리, 주식 또는 출자지분, 기타자산

제 6 절 기준시가란 무엇인가?

1. 기준시가의 개념

기준시가란 토지 건물등의 개별 자산에 대하여 정부가 획일적으로 그 가액을 결정한 과세기준이 되는 금액을 말한다.

2. 자산별 기준시가

각 부동산에 대한 기준시가는 아래와 같다.

(1) 토지: 개별공시지가

토지의 기준시가는 양도일 또는 취득일 현재 결정 공시되어 있는 '부동산가격공시및감정평가에관한법률'에 의한 개별공시지가로 한다. 다만, 각종 개발 사업 등으로 지가급등의 우려가 있는 지역으로서 국세청장이 지정한 지정지역의 기준시가는 개별공시지가에 국세청장이 고시한 지역별배율을 곱하여 계산한 금액을 기준시가로 한다.

개별공시지가는 매년 1월1일을 기준으로 각 지번의 ㎡당 가격을 공시[55] 한다.

(2) 건물: 국세청장이 고시한 방법으로 평가한 가액

건물시간시가란 건물의 신축가격, 구조, 용도, 위치, 신축연도 등을 고려하여 매년 1회 이상 국세청장이 산정·고시하는 가액을 말한다.

(3) 오피스텔 및 상업용건물: 국세청장이 토지 건물을 일괄하여 평가 고시한 가액

건물에 부수되는 토지를 공유하고 건물을 구분 소유하는 것으로서 건물의 용도 면적 및 구분 소유하는 건물의 수 등을 감안하여 서울, 6대광역시,

55) 2005년 이후 매년 5월 31일 공시됨

경기도지역안의 오피스텔 및 상업용건물에 대하여 건물의 종류, 규모, 거래상황 등을 참조하여 매년 1회 이상 국세청장이 토지와 건물을 일괄하여 산정 고시하는 가액을 말한다.

(4) 주택: 국토해양부장관이 토지와 건물을 일괄하여 평가 고시한 개별주택가액 및 공동주택가액

'부동산가격공시및감정평가에관한법률'에 의한 개별주택가액 및 공동주택가격이 주택의 기준시가가 되며 토지와 건물에 대하여 일괄하여 산정고시된다.

(5) 부동산을 취득할 수 있는 권리

취득일 또는 양도일까지 불입한 금액과 취득일 또는 양도일 현재의 프리미엄에 상당하는 가액을 합한 가액을 기준시가로 한다.

쉬어가는 코너[56] 주택에 대한 공시가격의 변동이 세금에 미치는 영향

오는 4월 30일은 아파트, 연립주택, 다세대 주택등과 같은 공동주택의 가격 공시일이다. 이러한 공동주택의 공시는 부동산세제 개편정책의 일환으로 적정가격을 공시함으로써 세금 부과기준의 단일화 등을 위해 도입되었다. 공동주택의 조사 주체는 국토해양부이다. 같은 목적으로 토지의 경우에는 개별공시지가, 단독주택은 단독주택공시가격이 지방자치단체에 의해 조사된다. 개별 및 공동주택의 공시가격과 토지의 개별공시지가는 종합부동산세와 재산세 등의 부과기준으로 쓰이고 있다. 만약 공시가격이 전년도보다 높게 결정되면 세금부담이 많아지고 전년도보다 낮게 결정된다면 세부담이 줄어든다.

2013년 1월 1일 기준 공동주택의 공시가격은 4월 30일 공시되며 공시되기전 3월 중 열람이 가능하여 공시이후에도 이의신청이 가능하다. 토지에 대한 개별공시지가는 매년 1월1일을 기준으로 5월 31일까지 결정 공시한다. 개별공시가격에 이의가 있는 소유자 및 이해관계를 가진 자는 공시일로부터 30일 이내에 서면으로 해당 시·군·구청장에게 이의신청을 할 수 있다.

개별주택과 공동주택가격은 매년 1월1일 현재의 가격을 조사하여 4월30일까지 결정 공시한다. 공시지가와 공시가격은 결정하기 전에 열람할 수 있으며 이의신청을 할 수 있다. 그러므로 특별한 사유없이 전년도에 비해 공시가격이 높아졌다면 이의신청을 통해 공시가격을 감액조정함으써 종합부동산세와 재산세 등의 세부담을 줄일 수 있으므로 미리 열람하는 것이 필요하다. 일반적으로 공시지가와 공시가격은 시세와 비교하여 70%~80%정도에서 결정되는 경우가 많으므로 시세보다 월등히 높게 책정되었다면 이의신청하여 감액조정할 필요가 있다. 또한 이웃의 주택이나 토지보다 공시지가 또는 공시가격과 비교하여 공시가격의 높게 또는 낮게 책정되었는지 확인하여야 할 것이다.

증여를 계획하고 있다면 개별공시지가. 단독 또는 공동주택공시가격으로 평가하여 증여세를 계산한다. 증여일 현재 고시되어 있는 공시지가를 적용하여 부동산 가액을 평가한다. 예를 들어 아파트를 자녀에게 증여한다면 공동주택가격이 공시되는 4월30일 이전에 증여한다면 전년도의 기준가격으로 평가한다. 그러나 당해 연도의 공동주택가격이 공시된 4월 30일 이후에 증여한다면 당해 연도의 공동주택공시가격으로 부동산을 평가할 것이다. 따라서 같은 해인 2013년에 부동산을 증여하더라도 그 가격이 고시되기 전 또는 고시된 후에 증여하느냐에 따라 부담하는 세금이 달라진다.

토지의 경우 개별공시지가를 결정고시하기 전인 5월초에 토지소재지 관할 시군구등에서 열람할 수 있으므로 그 가격을 예측할 수 있다. 기준시가는 매년 실제거래가액의 시세변동

등을 감안하여 결정되므로 시세가 전년도에 비하여 상승하였다면 당해 연도의 기준시가가 상승할 가능성이 높다.

현재의 부동산경기가 좋지 않아 시세가 전년도보다 상승하지는 않아 시세변동에 따른 공시지가의 상승가능성은 낮으나 공시지가가 일반시세보다 낮은 수준에서 결정되어 있으므로 상승가능성을 배제할 수 없다. 지금까지 개별공시지가는 주택공시가격, 국세청기준시가는 매년 조금씩 높게 결정되어 왔다. 따라서 부동산을 증여하고자 하는 경우에는 부동산가격이 매우 하락하는 경우를 제외하고는 고시일 이전에 증여하는 것이 증여세를 줄일 수 있는 방법이 있을 것이다.

부동산을 양도하는 경우 취득가액이 확인되지 않으면 양도당시의 기준시가와 취득당시의 기준시가를 비교, 환산하여 취득가액을 산정할 수 있다. 이 경우 양도당시의 기준시가가 높아지면 취득가액이 낮게 산정되므로 세부담이 높아진다. 따라서 열람을 통해 당해 연도의 공시지가, 공시가격이 상승되었다면 새로운 가격이 공시되기 전에 양도하는 것이 세부담을 줄일 수 있을 것이다.

개별공시지가, 개별주택가격의 부동산소재지 시·군, 구청 홈페이지에 접속하여 검색해 볼 수 있다. 아파트 등 공동주택은 국토해양부 공동주택가격 열람시스템 홈페이지에서 검색할 수 있다.

56) 저자의 기고에 의해 매일신문 2013.3월에 게재되었던 내용임

제 7 절 양도차익은 어떻게 계산하는가?

1. 양도차익의 계산 원칙

자산의 양도차익은 양도가액에서 취득가액을 포함하는 필요경비를 공제하여 계산한다. 양도소득세의 계산은 실지거래가액에 의하는 경우와 기준시가에 의하는 방법이 있다.

자산의 양도차익을 계산할 때 양도가액을 실지거래가액으로 하면 취득가액도 실지거래가액에 의해 계산하며 양도가액을 기준시가로 하면 취득가액도 기준시가로 한다. 이를 계산식으로 나타내면 아래와 같다.

(1) 실지거래가액에 의한 양도차익의 계산

양도차익 = 실지양도가액 − (실지취득가액 + 설비비 개량비 + 자본적지출액 + 양도비용)

(2) 기준시가에 의한 양도차익의 계산

양도차익 = 양도시 기준시가 − (취득시 기준시가 + 필요경비 개산공제)

2. 특수한 경우의 양도차익의 계산

(1) 고가주택의 양도차익

고가주택이란 실거래가액이 9억원을 초과하는 주택을 말한다. 1세대 1주택으로서 고가주택(부수토지 포함)인 경우에는 양도가액 중 9억원에 상당하는 양도차익은 과세하지 아니하나 9억원을 초과하는 양도차익에서 장기보유특별공제액을 차감한 양도소득금액에 대하여 과세한다.

고가주택의 양도소득금액
= 고가주택 양도차익 - 고가주택 장기보유특별공제

구 분	내 용
고가주택 양도차익	양도자산 전체의 양도차익 $\times \frac{\text{양도가액} - 9\text{억원}}{\text{양도가액}}$
- 고가주택 장기보유 특별공제	고가주택 양도차익×장기보유특별공제율
= 고가주택 양도소득금액	

(2) 부담부 증여

자산을 증여하면서 당해 증여자산에 담보된 증여자의 채무를 수증자가 인수하는 경우 증여가액 중 그 채무액에 상당하는 부분은 유상으로 이전된 것으로 보고 양도소득세를 과세하며 채무를 제외한 나머지 부분은 증여세를 납부하여야 한다.

이 경우 증여자는 수증자의 채무인수액에 대하여 양도소득세를 납부하여야 하며 수증자는 증여재산가액에서 채무인수액을 차감한 금액에 대하여 증여세를 납부하여야 한다.

1) 양도가액

양도로 보는 부분의 양도가액
= 해당 자산의 양도당시 자산가액×(유상대가로 보는 채무액/증여자산가액)

2) 취득가액

양도로 보는 부분의 취득가액
= 해당 자산의 취득당시 자산가액×(유상대가로 보는 채무액/증여자산가액)

3) 증여가액

증여재산의 평가액[57)]

사례) 부담부 증여에 따른 양도차익과 증여세과세대상금액

가. 증여당시 자산가액: 3억

나. 수증자가 인수한 채무: 1억

다. 증여자산의 당초 취득 실지거래가액: 9천만원

① 양도차익

양도가액: 3억×(1억/3억)=1억

취득가액: 9천×(1억/3억)=3천만원

양도차익: 1억−3천만원=7천만원

② 증여세과세대상금액

3억−1억=2억

(3) 특수관계자에게 증여 후 양도

1) 개 요

거주자가 특수관계인에게 자산을 증여한 후 그 자산을 증여받은 자가 그 증여일로부터 5년[58)] 이내에 타인에게 양도한 경우로서 다음의 요건을 모두 갖춘 경우에는 증여자가 그 자산을 직접 양도한 것으로 본다.

① 증여받은 자의 증여세와 양도소득세를 합한 세액이 증여자가 직접 양도하는 경우로 보아 계산한 양도소득세보다 적어야 한다.

② 양도소득이 최초 증여자에게 실질적으로 귀속되어야 한다.

2) 증여세의 부과취소

증여 후 양도규정에 따라 증여자에게 양도소득세가 과세되는 경우에는 당초 증여받은 재산에 대해서는 증여세를 부과하지 않는다. 이미 수증자에게 증여세가 부과되었다면 부과를 취소하고 증여세를 환급하여야 한다.

---

57) 상속세법 및 증여세법 제60조 내지 제66조에 의하여 평가한 금액

58) 등기부에 기재된 소유기간에 따름

3) 증여자와 수증자의 연대납부

증여자가 직접 양도한 것으로 보는 경우 그 양도소득세에 대해서는 증여자와 증여받은 자가 연대하여 납세의무를 진다.

(4) 배우자·직계존비속으로 부터 증여받은 재산에 대한 이월과세

1) 개 요

배우자, 직계존비속으로부터 증여받은 5년 이내의 토지, 건물, 특정시설물이용권의 양도시 취득가액은 해당 배우자 등의 취득 당시 취득가액으로 한다. 이 경우 증여세 상당액은 필요경비에 산입한다. 배우자·직계존비속간 증여받은 재산에 관한 이월과세가 적용되는 경우에는 특수관계자에게 증여 후 양도거래에 관한 규정을 적용하지 않는다.

2) 취득가액과 필요경비

양도가액에서 공제할 필요경비 중 취득가액은 증여한 배우자, 직계존비속의 취득당시의 가액으로 한다. 그러나 기타 필요경비는 일반적인 기타필요경비 규정에 따른다.

3) 이월과세와 특수관계자에게 증여후 양도거래의 비교

구 분	배우자간 증여받은 재산에 관한 이월과세	특수관계자에게 증여후 양도거래
증여자와 수증자의 관계	배우자·직계존비속에 한함	배우자를 포함한 특수관계자
적용대상자산	토지·건물, 특정시설물이용권에 한함	모든 양도소득세 과세자산
수증일부터 양도일까지의 기간	증여일로부터 5년 이내	증여일로부터 5년 이내
납세의무자	수증받아 양도한 배우자·직계존비속(당초 증여자가 직접 양도한 것으로 간주하는 것이 아님)	특수관계자에게 증여한 당초의 증여자(직접 양도한 것으로 간주함)

부당행위계산부인 (세부담의 부당감소)	조세부담의 부당한 감소가 없어도 적용함	조세부담의 부당한 감소가 있는 경우에만 적용함
당초 증여세의 처리	양도차익계산시 필요경비로 공제함	증여세를 과세하지 아니함(증여세 부과취소)
연대납세의무	규정 없음	연대납세의무를 짐
보유기간계산	증여한 배우자·직계존비속의 취득일부터 양도일까지의 기간	증여자의 취득일부터 양도일까지의 기간

연 습 문 제

객관식 문제

1. 소득세법상 배우자간 증여재산양도에 대한 이월과세와 관련된 설명으로 옳지 않은 것은? 2008 9급 세무직

① 거주자가 양도일로부터 소급하여 5년 이내에 그 배우자(양도당시에는 혼인관계가 소멸됨)로부터 증여받은 토지의 양도차익을 계산함에 있어서 취득가액은 토지를 증여한 배우자의 취득 당시의 금액으로 한다.

② 증여받은 재산의 양도소득에 대하여는 증여한 배우자와 증여받은 배우자가 연대하여 납세의무를 진다.

③ 이월과세가 적용되는 경우에는 거주자가 증여받은 자산에 대하여 납부하였거나 납부할 증여세 상당액은 양도차익을 한도로 필요경비에 산입한다.

④ 배우자간 증여재산에 대한 이월과세가 적용되는 경우에는 증여 후 우회양도행위에 대한 부당행위계산 부인규정이 적용되지 않는다.

2. 양도차익 계산시 배우자 및 직계존비속 증여재산 이월과세에 대한 내용이다. 틀린 것은?

① 배우자 및 직계존비속에게 증여받은 토지, 건물, 특정시설물이용회원권일 것

② 거주자가 증여받은 자산에 대하여 납부하였거나 납부할 증여세상당액은 비과세 한다.

③ 양도차익을 계산할 때 양도가액에서 공제할 취득가액은 당초 증여한 배우자 및 직계존비속의 취득 당시 가액으로 한다.

④ 조세부담의 부당한 감소가 없어도 증여재산 이월과세에 해당된다.

주관식 문제

1. 거주자 갑은 2009년 8월 토지를 취득함과 동시에 해당 토지를 담보로 은행으로부터 300,000,000을 차입하였다. 갑은 취득과 동시에 등기하였다. 2014년 9월 300,000,000의 차입금을 인수하는 조건으로 갑은 사촌인 을에게 해당 토지를 증여하였다. 다음 자료를 기초로 해당 증여로 인하여 갑에게 과세되는 양도소득세를 계산함에 있어서 양도차익을 계산하시오.(단, 해당 차입금의 인수사실이 객관적으로 입증되고 을이 해당 차입금 및 이자를 상환할 능력이 있다고 가정한다.) (단위:원)

가. 취득당시 실거래가액	600,000,000
나. 증여 당시 해당 토지의 개별공시지가(증여가액)	1,000,000,000
다. 취득가액 이외의 필요경비	10,000,000
라. 장기보유특별공제율	15%

2. 거주자가 다음과 같이 주택을 양도한 경우 양도소득금액을 계산하라. (단위:원)

(1) 양도일 : 2014. 2. 7 취득일 : 1998. 5. 7
(2) 양도 당시 실지거래가액 : 1,200,000,000
(3) 취득 당시 실지거래가액 : 800,000,000
(4) 기타 양도비용 및 자본적 지출액 : 30,000,000
(5) 주거전용면적 50평인 아파트로, 2년 이상 거주한 1세대 1주택(등기를 필함)에 해당함

제 8 절 양도소득금액은 어떻게 계산하는가?

양도소득은 양도가액에서 필요경비를 공제한 양도차익에서 장기보유특별공제를 차감하여 계산한다.

1. 장기보유특별공제

(1) 개 요

장기보유특별공제는 보유기간이 3년 이상인 토지건물 및 조합원입주권에 대하여 보유기간별로 일정율을 곱하여 계산한다. 장기보유특별공제는 당해자산의 양도차익을 한도로 공제한다.

장기보유특별공제액 = 양도차익×보유기간에 따른 공제율

(2) 장기보유특별공제의 대상

3년 이상 보유하고 등기한 후 양도하는 토지, 건물, 조합원입주권을 말한다.

조합원입주권은 관리처분계획 인가전 주택분 양도차익에 한정하여 적용한다.

(3) 장기보유특별공제의 배제

토지건물: 미등기자산

조합원입주권: 조합원으로부터 취득한 것

(4) 장기보유특별공제율

보유기간*	장기보유특별공제액	
	1세대 1주택**	1세대 1주택 이외
3년 이상 4년 미만	양도차익의 24%	양도차익의 10%
4년 이상 5년 미만	양도차익의 32%	양도차익의 12%
5년 이상 6년 미만	양도차익의 40%	양도차익의 15%
6년 이상 7년 미만	양도차익의 48%	양도차익의 18%
7년 이상 8년 미만	양도차익의 56%	양도차익의 21%
8년 이상 9년 미만	양도차익의 64%	양도차익의 24%
9년 이상 10년 미만	양도차익의 72%	양도차익의 27%
10년 이상	양도차익의 80%	양도차익의 30%

* 보유기간은 해당 자산의 취득일부터 양도일까지로 함. 상속받은 자산을 양도하는 경우에는 상속개시일[59]부터 기산한다. 배우자 등 이월과세적용할 경우 증여한 배우자 또는 직계존비속이 해당자산을 취득한 날[60]부터 기산한다.

** 1세대 1주택 중 고가주택이 이에 해당함.

2. 미등기양도자산에 대한 규제

미등기양도자산이란 토지 건물 및 부동산에 관한 권리[61]를 취득한 자가 그 자산의 취득에 관한 등기를 하지 않고 양도하는 것을 말한다. 미등기자산은 높은 세율의 적용, 장기보유특별공제 적용의 배제 등 불이익이 있으며 그 내용은 아래와 같다.

59) 상속받은 자산을 양도하였을 경우 세율을 적용하기 위해 보유기간을 계산할 때는 피상속인의 취득일로부터 기산한다.

60) 세율적용을 위해 보유기간을 계산할 때에도 증여한 배우자, 또는 직계존비속이 취득한 날부터 기산한다.

61) 아파트당첨권 등 등기가 불가능한 자산은 미등기자산으로 보지 않는다.

구 분	불이익
양도소득세 비과세와 감면	적용하지 않음
양도소득세율	높은 세율(70%)이 적용됨.
필요경비 개산공제	일반적인 공제율 3%보다 낮은 공제율 0.3%가 적용됨.
장기보유특별공제의 적용	적용배제
양도소득기본공제의 적용	적용배제

연습문제

객관식 문제

1. 소득세법상 양도소득에 대한 설명으로 옳지 않은 것은? 2012 9급 세무직

① 주권상장법인이 아닌 법인의 신주인수권의 양도로 발생하는 소득은 양도소득세의 과세대상이다.

② 전세권의 양도로 발생하는 소득은 양도소득세의 과세대상이다.

③ 파산선고에 의한 처분으로 발생하는 소득은 양도소득세의 과세대상이다.

④ 납세지 관할 세무서장 또는 지방 국세청장은 양도소득이 있는 거주자의 행위 또는 계산이 그 거주자의 특수 관계인과의 거래로 인하여 그 소득에 대한 조세 부담을 부당하게 감소시킨 것으로 인정되는 경우에는 그 거주자의 행위 또는 계산과 관계없이 해당 과세기간의 소득금액을 계산할 수 있다.

2. 소득세법상 양도소득세에 관한 설명으로 옳은 것은? 2007 9급 세무직

① 양도소득세가 과세되는 양도란 매도, 교환, 법인에 대한 현물출자 등으로 인하여 유상여부에 관계없이 자산이 사실상 이전되는 것을 말한다.

② 파산선고에 의한 처분으로 인하여 발생하는 소득에 대하여도 양도소득세가 과세된다.

③ 양도자산은 등기 여부에 관계없이 일정한 요건을 갖춘 경우에는 양도소득에 대한 소득세의 비과세에 관한 규정이 적용된다.

④ 거주자의 양도소득에 대한 과세표준은 종합소득 및 퇴직소득에 대한 과세표준과 구분하여 계산한다.

3. 소득세법상 양도소득에 관한 설명으로 옳지 않은 것은?

① 양도소득세의 계산시 양도가액 및 취득가액은 원칙적으로 실지거래가액으로 계산한다.

② 파산선고에 의한 처분으로 인하여 발생하는 소득에 대하여 양도소득세가 비과세된다.

③ 실지거래가액으로 양도차익을 계산하는 경우 취득가액은 원칙적으로 감가상각누계액을 공제한 금액으로 한다.

④ 미등기양도 자산에 대하여 장기보유특별공제와 양도소득기본공제에 관한 규정을 적용하지 아니한다.

4. 다음 중 실거래가액에 의해 거주자의 양도차익을 계산 할 경우 양도가액에서 공제하지 않는 것은?

① 취득가액

② 양도비용

③ 자본적지출액

④ 필요경비 개산액

5. 다음 중 미등기자산의 양도시 불이익에 해당되지 않는 것은?

① 필요경비 개산공제 저율 적용

② 장기보유특별공제 적용 배제

③ 70%세율적용

④ 필요경비 불인정

제 9 절 양도소득 과세표준과 산출세액은 어떻게 계산하는가?

양도소득과세표준은 양도가액에서 필요경비와 장기보유특별공제액을 공제하여 계산한 양도소득금액에서 양도소득 기본공제를 차감하여 계산한다.

양도소득과세표준에 양도소득세 세율을 적용하면 양도소득세 산출세액이 계산된다.

양도소득과세표준 = 양도소득금액－양도소득 기본공제
양도소득산출세액 = 양도소득과세표준×양도소득세율

1. 양도소득 기본공제

양도소득 기본공제는 거주자별로 양도소득을 토지 등과 주식 등으로 구분하고 국내자산, 국외자산으로 4구분하여 연간 250만원을 각각 공제한다. 따라서 최고 1,000만원까지 공제가 가능하다. 다만, 미등기 양도자산에 해당하는 경우에는 공제하지 아니한다.

	양도소득 구분	소재구분	양도소득기본공제
1 그룹	토지 또는 건물, 부동산에 관한 권리, 기타자산의 양도소득	국내자산	연간 2,500,000
		국외자산	연간 2,500,000
2 그룹	주식 또는 출자지분의 양도소득	국내자산	연간 2,500,000
		국외자산	연간 2,500,000

2. 양도소득세 세율

(1) 양도소득세 세율 적용

양도소득세 세율은 아래와 같다. 하나의 자산이 2 이상의 세율에 해당되는 때에는 그 중 가장 높은 것을 적용한다.

<table>
<tr><th colspan="4">구 분</th><th>세 율</th></tr>
<tr><td rowspan="8">토지·건물, 부동산에 관한 권리</td><td rowspan="7">등기</td><td colspan="2">원칙: 보유기간 2년 이상 자산</td><td>기본세율</td></tr>
<tr><td rowspan="2">보유기간 1년 이상 2년 미만 자산</td><td>주택 및 조합원입주권</td><td>기본세율</td></tr>
<tr><td>일반</td><td>40%</td></tr>
<tr><td rowspan="2">보유기간 1년 미만 자산</td><td>주택 및 조합원입주권</td><td>40%</td></tr>
<tr><td>일반</td><td>50%</td></tr>
<tr><td rowspan="2">비사업용 토지</td><td>2014.1.1~12.31양도하는 경우</td><td>기본세율</td></tr>
<tr><td>2015.1.1 이후 양도분</td><td>기본세율+10%</td></tr>
<tr><td colspan="3">미등기자산</td><td>70%</td></tr>
<tr><td rowspan="3">기타[62] 자산</td><td colspan="2" rowspan="2">① 특정주식·특정법인의 주식으로 해당 법인의 자산총액 중 비사업용 토지의 가액이 차지하는 비율이 50% 이상인 법인의 주식</td><td>2014.1.1~12.31양도하는 경우</td><td>기본세율</td></tr>
<tr><td>2015.1.1 이후 양도분</td><td>기본세율+10%</td></tr>
<tr><td colspan="3">② ①에 해당하지 않는 기타 자산</td><td>기본세율</td></tr>
<tr><td rowspan="3">주식 및 출자 지분</td><td colspan="3">① 중소기업 외의 법인의 주식 등으로 대주주가 1년 미만 보유한 주식 등</td><td>30%</td></tr>
<tr><td colspan="3">② 중소기업[63]의 주식 등</td><td>10%</td></tr>
<tr><td colspan="3">③ ①·② 이외의 주식 등</td><td>20%</td></tr>
</table>

62) 기타 자산은 등기·보유기간을 불문함.

63) 주식 등이 양도일이 속하는 사업연도의 직전 사업연도 종료일 현재 「중소기업기본법(2)」 규정에 해당하는 기업을 말함(소득령 167의 4).

기본세율은 종합소득과세표준에 적용되는 세율과 같으며 그 세율은 다음과 같다.

과세표준	세 율
1,200만원 이하	과세표준의 6%
1,200만원 초과 4,600만원 이하	72만원+1,200만원 초과금액 × 15%
4,600만원 초과 8,800만원 이하	582만원+4,600만원 초과금액 × 24%
8,800만원 초과	1,590만원+8,800만원 초과금액 × 35%
3억원 초과	9천10만원+3억원 초과금액 × 38%

세율을 적용할 때 보유기간은 양도자산의 취득일로부터 양도일까지의 기간으로 한다.

그러나 상속받은 자산 등에 해당하는 경우에는 그 취득일이 아래와 같이 규정되어 있다.

구 분	취득일	
	양도소득세율을 판정할 경우	장기보유특별공제를 적용할 경우
상속받은 자산	피상속인이 해당 자산을 취득한 날	실제취득일(상속개시일)
배우자·직계존비속간 증여재산에 대한 이월과세	증여자가 자산을 취득한 날	증여자가 자산을 취득한 날

(2) 투기지역 안의 부동산에 대한 추가과세

2014.1.1일 현재 투기지역으로 지정된 지역은 없으나 투기지역에 있는 부동산의 경우에는 그 적용세율을 달리한다.

다음 중 어느 하나에 해당하는 것을 양도하는 경우 기본세율에 10%를 더한 세율을 적용한다. 만약 아래에 해당하는 부동산의 보유기간이 2년 미만인 경우에는 기본세율에 10%를 가산한 금액과 40%, 50%의 세율 중 높은 세율을 적용한다.

① 지정지역에 있는 부동산으로서 1세대 3주택 이상에 해당하는 주택
② 지정지역에 있는 부동산으로서 1세대가 주택과 조합원입주권을 보유한 경우로서 그 수의 합이 3 이상인 경우의 해당 주택
③ 지정지역에 있는 부동산으로서 비사업용 토지
④ 그 밖에 부동산 가격이 급등하였거나 급등할 우려가 있어 부동산 가격의 안정을 위하여 필요한 경우에 시행령으로 정하는 부동산

(3) 비사업용 토지

비사업용 토지란 해당 토지를 소유하는 기간 중 일정 기간 동안 다음의 어느 하나에 해당하는 토지를 말한다.64)

1. 논·밭 및 과수원(이하 이 조에서 "농지"라 한다)으로서 다음 어느 하나에 해당하는 것

가. 소유자가 농지 소재지에 거주하지 아니하거나 자기가 경작하지 아니하는 농지. 다만, 「농지법」이나 그 밖의 법률에 따라 소유할 수 있는 농지는 제외한다.

나. 특별시·광역시(광역시에 있는 군은 제외)·특별자치시(특별자치시에 있는 읍·면지역은 제외)·특별자치도(읍·면지역은 제외) 및 시지역(도농복합형태인 시의 읍·면지역은 제외) 중 「국토의 계획 및 이용에 관한 법률」에 따른 도시지역에 있는 농지. 다만, 소유자가 농지 소재지에 거주하며 스스로 경작하던 농지로서 특별시·광역시·특별자치시·특별자치도 및 시지역의 도시지역에 편입된 날부터 2년이 지나지 아니한 농지는 제외

2. 임야. 다만, 다음 어느 하나에 해당하는 것은 제외

가. 산림유전자원보호림, 보안림, 채종림, 시험림, 그 밖에 공익을 위하

---

64) 소득법 104의 3 ①

여 필요하거나 산림의 보호·육성을 위하여 필요한 임야

나. 임야 소재지에 거주하는 자가 소유한 임야

다. 토지의 소유자, 소재지, 이용 상황, 보유기간 및 면적 등을 고려하여 거주 또는 사업과 직접 관련이 있다고 인정할 만한 상당한 이유가 있는 임야

3. 목장용지로서 다음 각 목의 어느 하나에 해당하는 것. 다만, 토지의 소유자, 소재지, 이용 상황, 보유기간 및 면적 등을 고려하여 거주 또는 사업과 직접 관련이 있다고 인정할 만한 상당한 이유가 있는 목장용지는 제외

가. 축산업을 경영하는 자가 소유하는 목장용지로서 축산용 토지의 기준면적을 초과하거나 특별시·광역시·특별자치시·특별자치도 및 시 지역의 도시지역에 있는 것(도시지역에 편입된 날부터 2년이 지나지 아니한 경우는 제외)

나. 축산업을 경영하지 아니하는 자가 소유하는 토지

4. 농지, 임야 및 목장용지 외의 토지 중 다음을 제외한 토지

가. 지방세법 또는 관계 법률에 따라 재산세가 비과세되거나 면제되는 토지

나. 지방세법에 따른 재산세 별도합산과세대상 또는 분리과세대상이 되는 토지

다. 토지의 이용 상황, 관계 법률의 의무 이행 여부 및 수입금액 등을 고려하여 거주 또는 사업과 직접 관련이 있다고 인정할 만한 상당한 이유가 있는 토지

5. 지방세법에 따른 주택부속토지 중 주택이 정착된 면적에 10배(도시지역안의 토지는 5배) 곱하여 산정한 면적을 초과하는 토지

6. 주거용 건축물로서 상시주거용으로 사용하지 아니하고 휴양, 피서, 위락 등의 용도로 사용하는 건축물(이하 이 호에서 "별장"이라 한다)과 그 부속토지. 다만, 읍 또는 면에 소재하고 일정 범위와 기준에 해당하는 농어촌주

택과 그 부속토지는 제외하며, 별장에 부속된 토지의 경계가 명확하지 아니한 경우에는 그 건축물 바닥면적의 10배에 해당하는 토지를 부속토지로 본다.

7. 그 밖에 제1부터 제6까지와 유사한 토지로서 거주자의 거주 또는 사업과 직접 관련이 없다고 인정할 만한 상당한 이유가 있는 토지

연습문제

객관식 문제

1. 소득세법상 양도소득과세표준의 계산에 대한 설명으로 옳지 않은 것은?

2007 9급 세무직

① 부동산을 취득할 수 있는 권리를 양도하는 때에는 장기보유특별공제를 적용하지 아니한다.

② 거주자가 1 과세연도에 양도소득 기본공제로 공제받을 수 있는 최대 금액은 500만원이다.

③ 1984년 12월 31일 이전에 취득한 토지 또는 건물은 1985년 1월 1일에 취득한 것으로 본다.

④ 미등기양도자산에 대한 양도소득기본공제는 미등기양도자산의 취득 당시 기준시가의 1,000분의 3에 상당하는 가액으로 한다.

주관식 문제

1. 아래는 김갑동씨의 토지 거래내역이다. 이를 참조하여 양도소득 과세표준을 계산하라.

가. 김갑동 씨는 2014년 3월 1일 보유하고 있던 임야를 100,000,000에 양도하였다. 위 임야는 2008년 7월 6일 취득한 것으로서 취득당시 취득세 등을 포함한 취득가액은 50,000,000이다.

나. 위 임야는 비사업용 토지가 아니다.

다. 장기보유특별공제율은 아래와 같다.

보유기간	장기보유특별공제액	
	1세대 1주택	1세대 1주택 이외
3년 이상 4년 미만	양도차익의 24%	양도차익의 10%
4년 이상 5년 미만	양도차익의 32%	양도차익의 12%
5년 이상 6년 미만	양도차익의 40%	양도차익의 15%
6년 이상 7년 미만	양도차익의 48%	양도차익의 18%
7년 이상 8년 미만	양도차익의 56%	양도차익의 21%
8년 이상 9년 미만	양도차익의 64%	양도차익의 24%
9년 이상 10년 미만	양도차익의 72%	양도차익의 27%
10년 이상	양도차익의 80%	양도차익의 30%

제10절 양도소득세 자진납부세액이란 무엇인가?

산출세액에서 감면세액을 공제한 후 가산세를 가산하고 이미 신고하거나 결정 · 경정한 세액을 차감하여 계산한다.

자진납부세액
= 산출세액 − 감면세액 · 외국납부세액 · 기신고 결정 경정세액 + 가산세

1. 양도소득세의 감면

소득세법은 양도소득에 관한 감면규정이 없으나 조세특례제한법에서 규정한 감면규정 중 대표적인 것은 아래와 같다.

(1) 자경농지에 대한 감면

농지소재지에 거주하는 거주자(비거주자가 된 날부터 2년 이내의 자 포함)가 취득일로부터 양도일사이에 8년 이상 계속하여 직접 경작한 토지를 양도하는 때에는 양도일 현재 농지인 경우 양도소득세의 100%를 감면한다.

1) 감면요건

감면을 위해서는 거주요건과 경작요건 및 농지요건을 갖추어야 한다.

가. 거주요건

다음 중 어느 하나에 해당하는 지역에 거주하여야 한다.

① 농지가 소재하는 시군구안의 지역

② 위 지역과 연접한 시군구안의 지역

③ 해당 농지로부터 직선거리 20킬로미터 이내의 지역

나. 경작요건

취득일부터 양도일 사이에 8년 이상 농지소재지에 거주하면서 직접 경작하여야 한다. 직접경작이란 농작업에 상시종사하거나 2분의 1

이상을 자기 노동력으로 경작한 것을 말한다.

다만, 경영이양보조금의 지급대상이 되는 농지를 한국농어촌공사 또는 영농조합법인 및 농업회사법인에게 양도하는 경우에는 3년이상 직접 경작한 것을 말한다.

다. 농지요건

양도일 현재 농지여야 한다. 농지는 전답으로서 지목에 관계없이 실지로 경작에 사용되는 토시를 말하며 농막, 퇴비사, 양수장, 등 농지 경작에 직접 필요한 시설물을 포함한다.

위 요건을 갖추더라도 양도일 현재 특별시 광역시 또는 시에 있는 농지 중 국토의 계획 및 이용에 관한 법률에 의한 주거지역, 상업지역, 공업지역 안에 있는 농지로서 이들 지역에 편입된 날부터 3년이 지난 농지는 감면대상에서 제외한다.

2) 감면세액

당해 농지의 양도로 발생한 양도소득세의 100%를 감면하고 농어촌특별세가 비과세된다.

2. 농지대토에 대한 양도소득세 감면

(1) 감면요건

다음의 요건을 충족하는 농지는 양도소득세가 100%감면된다.

가. 경작상의 필요에 의하여 대토하는 농지일 것

나. 3년 이상 종전의 농지소재지에 거주하면서 경작한자가 종전의 농지의 양도일부터 1년내[65]에 다른 농지를 취득한 후 계속하여 3년 이상 새로운 농지소재지에 거주하면서 경작하거나 새로운 농지의 취득일부터 1년내에 종전의 농지를 양도하고 새로운 농지를 계속하여 3년 이상 새로운 농지소재지에 거주하면서 경작할 것

65) 2007년 이후 협의매수 수용되는 경우에는 2년

다. 새로 취득하는 농지의 면적이 양도하는 농지 면적의 2분의 1이상이거나 그 가액이 양도하는 농지 가액의 3분의 1이상인 경우

(2) 감면세액

농지를 대토함으로서 발생하는 소득에 대해서는 양도소득세의 100%를 감면한다. 다만 해당 토지가 국토의계획및이용에관한법률에 따른 주거지역, 상업지역 및 공업지역에 편입되거나 환지처분전에 농지외의 토지로 환지예정지 지정을 받은 경우에는 주거지역등에 편입되거나 환지예정지지정을 받은날까지[66] 발생한 소득에 대해서만 양도소득세를 면제한다.

3. 양도소득세 감면한도

1과세기간동안 감면받을 수 있는 한도는 1억원이다. 8년자경농지를 포함하는 경우 1과세기간의 한도는 2억원이며 5년간 양도소득세 감면한도는 3억원이다.

2. 외국납부세액

국외자산의 양도로 인해 양도자가 해당 외국에서 양도소득세를 부담한 경우에는 부담한 세액을 산출세액에서 공제하는 세액공제방법 또는 납부한 세액을 필요경비에 산입하여 양도차익을 계산할 수 있다.

국외자산의 양도소득세액을 세액에서 공제하는 경우 외국납부세액의 공제한도는 다음과 같다.

외국납부세액공제한도

$$= \text{해당 과세기간 국외자산 양도소득 산출세액} \times \frac{\text{국외자산양도소득금액}}{\text{해당과세기간의 양도소득금액}}$$

66) 편입일 또는 지정일 이후에 발생하는 개발이익은 양도소득세 면제를 배제하고자 하는 것임

제11절 양도소득세의 신고와 납부방법은?

1. 양도소득 예정신고

양도소득세 과세대상 자산을 양도한 자는 반드시 예정신고를 해야 한다. 양도차익이 없거나 양도차손이 있는 경우에도 신고하여야 한다(소득법 105 ① ③). 예정신고를 하지 않는 경우 10%의 무신고가산세가 부과된다. 다만 1세대 1주택 등 비과세되는 자산을 양도하는 경우에는 신고할 필요가 없다.

(1) 예정신고의무자와 신고기한

예정신고를 하는 자는 양도소득과세표준신고 및 납부계산서와 양도소득금액 계산명세서를 작성하고 그 신고서에 필요한 서류를 첨부하여 예정신고기한내에 납세지관할세무서에 제출(신고기한내에 전자신고 가능)하며 동시에 사진납부할 세액을 관할세무서, 은행 등에 납부하여야 한다.

구 분	비 고
토지·건물, 부동산에 관한 권리 및 기타 자산을 양도한 경우	그 자산의 양도일이 속하는 달의 말일부터 2월 이내
주식 또는 출자지분을 양도한 경우	그 자산의 양도일이 속하는 분기의 말일부터 2월(분기별 예정신고)

부동산 및 부동산에 관한 권리를 양도하여 예정신고를 하는 경우 첨부할 서류는 아래와 같다.

- 매도 및 매입에 관한 계약서 사본
- 환지예정지증명원, 잠정등급확인원 및 관리처분내용을 확인할 수 있는 서류 등
- 자본적지출액·양도비 등의 명세서
- 감가상각비 명세서

(2) 예정신고 산출세액의 계산

1) 일반적인 경우

예정신고산출세액
= (양도차익－장기보유특별공제－양도소득기본공제)×양도소득세율

2) 해당 연도에 예정신고를 2회 이상하는 경우

예정신고산출세액
= [이미 신고한 양도소득 과세표준＋제2회 이후 신고하는 양도소득 과세표준)×기본세율]－이미 신고한 예정신고 산출세액

(3) 예정신고와 확정신고

예정신고를 한자는 해당 소득에 대한 확정신고를 하지 아니할 수 있다.

■ 소득세법 시행규칙 [별지 제84호서식] <개정 2014.3.14>
※ 2010. 1. 1. 이후 양도분부터는 양도소득세 예정신고를 하지 않으면 가산세가 부과됩니다. (앞쪽)

관리번호	-

양도소득과세표준 신고 및 납부계산서

([ ]예정신고, [ ]확정신고, [ ]수정신고, [ ]기한 후 신고)

① 신 고 인 (양도인)	성 명		주민등록번호		내·외국인	[ ]내국인, [ ]외국인	
	전자우편 주소		전 화 번 호		거주구분	[ ]거주자, [ ]비거주자	
	주 소				거주지국		거주지국코드
② 양 수 인	성 명	주민등록번호	양도자산 소재지		지 분	양도인과의 관계	

③ 세율구분	코 드	양도소득세 합 계	국내분 소계	-	-	국외분 소계	지방소득세
④ 양 도 소 득 금 액							
⑤ 기신고·결정·경정된 양도소득금액 합계							
⑥ 소득감면대상 소득금액							
⑦ 양 도 소 득 기 본 공 제							
⑧ 과 세 표 준 (④+⑤-⑥-⑦)							
⑨ 세 율							
⑩ 산 출 세 액							
⑪ 감 면 세 액							
⑫ 외국납부세액공제							
⑬ 예정신고납부세액공제							
⑭ 원천징수세액공제							
⑮ 가산세	신고불성실						
	납부불성실						
	기장불성실 등						
	계						
⑯ 기신고·결정·경정세액							
⑰납 부 할 세 액 (⑩-⑪-⑫-⑬-⑭+⑮-⑯)							
⑱ 분납(물납)할 세액							
⑲ 납 부 세 액							
⑳ 환 급 세 액							

농어촌특별세 납부계산서		
㉑ 소득세 감면세액		신고인은 「소득세법」 제105조(예정신고)·제110조(확정신고), 「국세기본법」 제45조(수정신고)·제45조의3(기한 후 신고), 「농어촌특별세법」 제7조 및 「지방세법」 제103조의5·제103조의7에 따라 신고하며, 위 내용을 충분히 검토하였고 신고인이 알고 있는 사실 그대로를 정확하게 적었음을 확인합니다. 년 월 일 신고인 (서명 또는 인)
㉒ 세 율		
㉓ 산 출 세 액		
㉔ 수정신고가산세등		
㉕ 기신고·결정·경정세액		

㉖ 납 부 할 세 액		환급금 계좌신고 (환급세액 2천만원 미만인 경우)		세무대리인은 조세전문자격자로서 위 신고서를 성실하고 공정하게 작성하였음을 확인합니다. 세무대리인 (성명 또는 인)
㉗ 분 납 할 세 액				
㉘ 납 부 세 액		㉚ 금 융 기 관 명		
㉙ 환 급 세 액		㉛ 계 좌 번 호		세무서장 귀하

첨부서류	1. 양도소득금액계산명세서(부표 1 또는 부표 2) 1부 2. 매매계약서 1부 3. 필요경비에 관한 증빙서류 및 부표3 각1부 4. 감면신청서 및 수용확인서 등 1부 5. 그 밖에 양도소득세 계산에 필요한 서류 1부	접수일인
담당공무원 확인사항	1. 토지 및 건물등기사항증명서 2. 토지 및 건축물대장 등본	

210mm×297mm[백상지 80g/㎡(재활용품)]

(뒤쪽)

작 성 방 법

1. 관리번호는 작성자가 적지 않습니다.
2. ① 신고인(양도인)란: 성명란은 외국인이면 영문으로 적되 여권에 기록된 영문성명 전부(full name)를 적습니다. 주민등록번호란은 국내거소신고번호를 부여받은 재외국민 또는 외국국적동포이면 국내거소신고증상의 국내거소신고번호를 적고, 외국인이면 외국인등록표상의 외국인등록번호를 적으며, 상기 번호을 부여받지 않은 경우에는 여권번호를 적습니다. 내 · 외국인 및 거주구분의 ㅁ안에 "√"표시를 하고, 거주지국 및 거주지국코드는 양도인이 비거주자에 해당하는 경우에 국제표준화기구(ISO)가 정한 국가별 ISO코드 중 국명 약어 및 국가코드를 적습니다.
3. ② 양수인란: 양도물건별로 적되, 양수인이 공동으로 양수한 경우에는 양수인별 지분을 적고, 양수인이 다수인 경우에는 별지로 작성합니다. 양수인이 외국인인 경우 주민등록번호란에는 ①을 참고하여 외국인등록번호 등을 적습니다.
   ※ 양도인과의 관계 예시: 타인, 배우자, 자, 부모, 형제자매, 조부모, 손자·손녀 등
4. ③ 세율구분란: 양도소득금액계산명세서의 세율구분코드가 같은 자산을 합산하여 적되, 주식의 경우에는 주식양도소득금액계산명세서(별지 제84호서식 부표 2)의 ③ 주식종류코드란의 세율이 같은 자산(기타자산 주식 및 국외주식은 제외합니다)을 합산하여 적습니다.
5. ⑥ 소득감면대상 소득금액란: 양도소득세액의 감면을「소득세법」제90조제2항(소득금액 차감방식)을 적용하여 계산하는 경우 양도자산의 감면소득금액을 적습니다.
6. ⑦ 양도소득기본공제란: 해당 연도 중 먼저 양도하는 자산의 양도소득금액에서부터 차례대로 공제하며, 미등기양도자산의 경우에는 공제하지 않습니다(부동산 등과 주식은 각각 연 250만원을 공제합니다).
7. ⑩ 산출세액란·⑪ 감면세액란·⑫ 외국납부세액공제란 및 ⑬ 예정신고납부세액공제란: 해당 신고분까지 누계금액을 적습니다.
   ※ ⑪ 감면세액란은「소득세법」제90조제1항(세액감면방식)에 따라 계산한 세액을 적습니다.
8. ⑬ 예정신고납부세액공제란: (직전까지 예정신고납부세액공제 누계액)+(금회 예정신고세액 중 기한 내 납부할 세액× 공제율)의 방법으로 계산한 금액을 적습니다. ※ 2010.12.31.까지 양도분에 한함
9. ⑭ 원천징수세액공제란: 비거주자의 양도소득에 대하여 양수인이 원천징수한 세액을 적습니다.
10. ⑮ 가산세란: 산출세액에 기한 내 신고 · 납부 불이행에 따른 신고불성실(일반무신고 20%, 부당무신고 40%, 일반과소신고 10%, 부당과소신고 40%) · 납부불성실(1일 3/10,000)·기장불성실가산세 등을 계산한 금액을 적습니다.
11. ⑯ 기신고·결정·경정세액란: 기신고세액(누계금액으로서 납부할 세액을 포함합니다), 무신고결정·경정 결정된 경우 총결정세액(누계금액을 말합니다)을 적습니다.
12. ⑰ 납부할 세액란부터 ⑳ 환급세액란까지: 금회 신고 · 납부할 세액 등을 적습니다.
13. 환급금 계좌신고(㉟·㊱)란: 송금받을 본인의 예금계좌를 적습니다. 다만, 환급세액이 2,000만원 이상인 경우에는「국세기본법 시행규칙」에 따른 계좌개설(변경)신고서(별지 제22호서식)에 통장 사본을 첨부하여 신고해야 합니다.
14. 「소득세법 시행령」제175조의2제4항에 따라 양도소득세 물납을 신청하려는 경우에는 양도소득세물납신청서(별지 제86호서식)를 별도로 제출해야 합니다.
15. 지방소득세의 경우 과세표준란은 ⑧ 양도소득세 과세표준 합계란의 금액을 적고, 세율 ~ 환급세액란은「지방세법」,「지방세기본법」,「지방세특례제한법」에 따라 계산한 금액을 적습니다.

과세대상자산 및 세율

	세 율 구 분	코 드	세 율
국내자산	1. 「소득세법」 제94조제1항제1호 및 제2호(토지 · 건물 및 부동산에 관한 권리)		6~35%('12.1.1.이후 6~38%)
	가. 2년 이상 보유	1－10	40%('14.1.1.이후 6~38%)
	나. 1년 이상 2년 미만 보유 주택 및 조합원입주권(단, 1세대3주택은 아래 아.·자. 적용)	1－15	50%('14.1.1.이후 40%) 40%
	다. 1년 미만 보유 주택 및 조합원입주권	1－20	50%
	라. 1년 이상 2년 미만 보유 토지·건물 및 부동산에 관한 권리(주택 및 조합원입주권은 제외)	1－15	6~35%('12.1.1.이후 6~38%) 6~35%('12.1.1.이후 6~38%)
	마. 1년 미만 보유 토지·건물 및 부동산에 관한 권리(주택 및 조합원입주권은 제외)	1－20	45% 6~35%('12.1.1.이후 6~38%)
	바. 1세대2주택(부수토지 포함), '09.1.1. 이후 양도분	1－10	45%
	사. 1주택과 1조합원입주권을 보유한 경우 1주택, '09.1.1. 이후 양도분	1－10	6~35%('12.1.1.이후 6~38%) 60%
	아. 1세대3주택이상에 해당하는 주택(부수토지 포함), '09.1.1.~'09.3.15. 취득 및 양도분	1－25	6~35%('12.1.1.이후 6~38%) 70%
	자. 1세대3주택이상에 해당하는 주택(부수토지 포함), '09.3.16. 이후 양도분	1－10	16~45% ('12.1.1.이후 16~48%) 16~48%
	차. 주택과 조합원입주권수의 합이 3 이상인 경우의 주택, '09.1.1.~'09.3.15. 취득 및 양도분	1－28	
	카. 주택과 조합원입주권수의 합이 3 이상인 경우의 주택, '09.3.16. 이후 양도분	1－10	
	타. 비사업용토지, '09.1.1.~'09.3.15. 취득 및 양도분	1－26	
	파. 비사업용토지, '09.3.16. 이후 양도분	1－10	
	하. 미등기양도	1－30	
	거. 지정지역 내 1세대3주택, 비사업용 토지('09.3.16. 이후 양도분)	1－11	
	※ 양도자산이 상기 세율 중 2 이상의 세율에 해당하는 때에는 그 중 가장 높은 것을 적용합니다.	1－35	
	2. 「소득세법」 제94조제1항제3호(주식 또는 출자지분)		
	가. 중소기업 외의 법인의 대주주가 1년 미만 보유한 주식	1－70	30%
	나. 중소기업법인 주식(상장, 비상장)	(1－62, 1－42)	10%
	다. 중소기업 외의 법인의 주식(상장, 비상장)	(1－61, 1－41)	20%
	3. 「소득세법」 제94조제1항제4호(기타자산)		
	가. 주식	1－10	6~35%('12.1.1.이후 6~38%)
	나. 주식 외의 것	1－10	6~35%('12.1.1.이후 6~38%)
	다. 비사업용토지 과다보유법인 주식 '09.1.1.~'09.3.15. 취득 및 양도분	1－27	60% 6~35%('12.1.1.이후 6~38%)
	라. 비사업용토지 과다보유법인 주식 '09.3.16. 이후 양도분	1－10	
	4. 「조세특례제한법」 제98조(미분양주택에 대한 과세특례)	1－92	20%
국외자산	1. 「소득세법」 제118조의2제1호 및 제2호(토지·건물, 부동산에 관한 권리)	2－10	6~35%('12.1.1.이후 6~38%)
	2. 「소득세법」 제118조의2제3호(주식 또는 출자지분)		
	가. 중소기업의 주식	2－42	10%
	나. 가목 외의 주식	2－41	20%
	3. 「소득세법」 제118조의2제4호(기타자산)		
	가. 주식	2－10	6~35%('12.1.1.이후 6~38%)
	나. 주식 외의 것	2－10	6~35%('12.1.1.이후 6~38%)

210mm×297mm[백상지 80g/㎡(재활용품)]

관리번호	-

※ 관리번호는 적지 마십시오.

양도소득금액 계산명세서

□ 양도자산 및 거래일

구분			합 계			
①세 율 구 분 (코드)			합 계	(-)	(-)	(-)
② 소재지국	소 재 지					
③자 산 종 류 (코드)				( )	( )	( )
거래일 (거래원인)	④ 양도일(원인)			( )	( )	( )
	⑤ 취득일(원인)			( )	( )	( )
거래자산 면적(㎡)	⑥ 총면적 (양도지분)	토지		(/)	(/)	(/)
		건물		(/)	(/)	(/)
	⑦ 양도면적	토지				
		건물				
	⑧ 취득면적	토지				
		건물				

□ 양도소득금액 계산

구분						
거래금액	⑨ 양 도 가 액					
	⑩ 취 득 가 액					
	취득가액 종류					
⑪ 기납부 토지초과이득세						
⑫ 기타 필 요 경 비						
양도차익	전체 양도차익					
	비과세 양도차익					
	⑬ 과세대상양도차익					
⑭ 장기보유특별공제						
⑮ 양 도 소 득 금 액						
감면소득금액	⑯ 세액감면대상					
	⑰ 소득금액감면대상					
⑱ 감면종류	감면율					

□ 기준시가 (기준시가 신고 또는 취득가액을 환산가로 신고하는 경우에만 적습니다)

구분						
양도시 기준 시가	⑲ 건물	일반건물				
		오피스텔·상업용				
		개별·공동주택				
	⑳ 토 지					
	합 계					
취득시 기준 시가	㉑ 건물	일반건물				
		오피스텔·상업용				
		개별·공동주택				
	㉒ 토 지					
	합 계					

210㎜×297㎜[백상지 80g/㎡(재활용품)]

(뒤쪽)

작 성 방 법

1. ① 세율구분란: 다음의 세율구분내용과 소재지 및 세율구분코드를 적습니다.

소재지구분	소재지		세율구분	토지·건물													부동산에 관한 권리			기타자산(주식외)	비사업용토지과다보유법인주식	
	국내	국외		2년 이상 보유	1년 이상 2년 미만 보유	1년 미만 보유	1세대 2주택(부수 토지 포함)	1주택과 1조합원 입주권을 보유한 경우 1주택	1세대 3주택 이상의 주택(부수 토지 포함)		주택과 조합원입주권 수가 3이상인 경우 주택		비사업용 토지		미등기	지정지역 10% 가산	2년 이상 보유	1년 이상 2년 미만 보유	1년 미만 보유			
									A	B	A	B	A	B							A	B
코드	1	2	코드	10	15	20	10	10	25	10	28	10	26	10	30	11	10	15	20	10	27	10

※ A: '09.1.1.~'09.3.15. 취득 및 양도분, B: '09.3.16.이후 양도분

2. ③ 자산종류란: 다음의 자산종류 및 코드를 적습니다.

자산종류	토지·건물				부동산에 관한 권리				기타자산			
	토지	고가주택	일반주택	기타건물	지상권	전세권	등기된 부동산 임차권	부동산을 취득할 수 있는 권리	특정주식	영업권	시설물이용권	부동산과다보유법인주식
코드	1	2	3	4	5	6	7	8	14	15	16	17

3. 거래원인: 매매, 수용, 협의매수, 교환, 공매, 경매, 상속, 증여, 신축, 분양, 기타 등을 적습니다.

4. ⑥ 총면적란: 양도자산의 전체면적을 적고, 양도지분을 별도로 적습니다.

5. ⑦ 양도면적란: ⑥ 총면적 × 양도지분으로 산정한 면적을 적습니다.

6. ⑩ 취득가액란: 아래와 같이 적습니다(상속·증여받은 자산은 상속개시일 및 증여일 현재의 나, 다, 기준시가 중 확인되는 가액을 적습니다).
   가. 실지거래가액으로 하는 경우: 취득에 실제 든 가액(별지 제84호서식 부표 3의 ⑤번란의 금액)
   나. 매매사례가액에 의하는 경우: 취득일 전후 3개월 이내의 매매사례가액을 적음
   다. 감정가액에 의하는 경우: 취득일 전후 3개월 이내의 감정평가법인의 감정가액 2개 이상의 평균가액을 적음
   라. 환산가액에 의하는 경우: 양도가액(⑨번) × [취득시기준시가(⑳+㉑)/양도시기준시가(⑱+⑲)]로 환산한 가액을 적음
   ※ 취득가액 종류란: 실지거래가액, 매매사례가액, 감정가액, 환산가액, 기준시가로 구분하여 적으며, 국외자산의 경우 실지거래가액, 해당정부평가액, 매매사례가액, 감정가액으로 구분하여 원화환산금액을 적습니다

7. ⑪ 기납부토지초과이득세란: 해당 양도토지에 대하여 기납부한 토지초과이득세가 있는 경우 기납부한 토지초과이득세액을 적습니다.

8. ⑫ 기타 필요경비란: 취득당시 가액을 실가에 의하는 경우에는 자본적지출액 등(별지 제84호서식 부표 3의 ⑬란의 금액)을 적고, 취득 당시 가액을 매매사례가액·감정가액·환산가액 또는 기준시가에 의하는 경우에는 「소득세법 시행령」 제163조제6항을 참조하여 적습니다.

9. ⑭장기보유특별공제란: 토지·건물의 ⑬양도차익에 다음의 보유기간에 따른 공제율을 곱하여 계산하며, 국외자산은 해당되지 않습니다.

9. ⑭장기보유특별공제란: 토지·건물의 ⑬양도차익에 다음의 보유기간에 따른 공제율을 곱하여 계산하며, 국외자산은 해당되지 않습니다.

1세대1주택	3년 이상 보유 24%부터 매년 8%씩 추가 공제하며 10년 이상은 80%한도로 공제(「소득세법」 §95② 표2)
1세대1주택 외	3년 이상 보유 10%, 4년 이상 보유 12%부터 매년 3%씩 추가공제하며 10년 이상은 30%한도로 공제(「소득세법」 §95② 표1)
준공공임대주택	10년 이상 계속 임대한 후 양도하는 경우 60% 공제(「조세특례제한법」 §97의3)
장기임대주택	6년 이상 임대한 후 양도하는 경우 소득세법 §95② 표1의 공제율에 임대기간 6년 이상 2%, 7년 이상 4%, 8년 이상 6%, 9년 이상 8%, 10년 이상 10%를 추가공제(「조세특례제한법」 §97의4)

10. ⑯ 세액감면대상란: 양도소득세액의 감면을 「소득세법」 제90조제1항(세액감면방식)을 적용하여 계산하는 경우 양도자산의 감면소득금액을 적습니다.

11. ⑰ 소득금액감면대상란: 양도소득세액의 감면을 「소득세법」 제90조제2항(소득금액 차감방식)을 적용하여 계산하는 경우 양도자산의 감면소득금액을 적습니다.

12. ⑱ 감면종류 및 감면율란: 양도소득세 감면규정 및 감면율을 적습니다(감면신청서는 별도로 작성하여 제출해야 합니다).

13. ⑲ 건물란: 다음의 구분에 따라 양도 당시 금액을 적습니다.
    가. 일반건물: 국세청장이 고시한 금액(건물 ㎡당 가액)에 건물면적(전용+공용)을 곱하여 계산한 금액
    나. 상업용·오피스텔: 국세청장이 고시한 금액(토지+건물)에 건물면적(전용+공용)을 곱하여 계산한 금액
    다. 개별·공동주택: 국토해양부장관이 고시한 금액(토지+건물)

14. ⑳ 토지란: 양도 시 개별공시지가에 면적을 곱하여 계산한 금액을 적습니다.

15. ㉑ 건물란: ⑱ 건물란의 작성방법에 따라 취득당시 금액을 적습니다(최초 고시일 전에 취득한 경우에는 최초 고시금액을 취득 시로 환산한 가액).

16. ㉒ 토지란: 취득시 개별공시지가에 면적을 곱하여 계산한 금액을 적습니다(취득일이 '90.8.29. 이전인 경우에는 '90.1.1. 기준 개별공시지가를 토지등급에 의해 취득 시로 환산한 가액).

210㎜×297㎜[백상지 80g/㎡(재활용품)]

■ 소득세법 시행규칙[별지 제84호서식 부표 2] <개정 2013.2.23> (앞쪽)

관리번호	−

주식등 양도소득금액 계산명세서

양도주식 취득유형별 내용							
① 주 식 등 종 목 명	합계						
② 주식종목코드 또는 사업자등록번호(해외 주식은 ISIN코드와 국가명)							
③ 주식등 종류코드							
④ 취 득 유 형							
⑤ 취 득 유 형 별 양 도 주 식 등 수							
양 도 소 득 금 액 계 산 내 용							
⑥ 양 도 일 자							
⑦ 주당양도가액							
⑧ 양도가액(⑤×⑦)							
⑨ 취 득 일 자							
⑩ 주당취득가액							
⑪ 취득가액(⑤×⑩)							
⑫ 필 요 경 비							
⑬ 양도소득금액 (⑧−⑪−⑫)							
⑭ 감면소득금액							
⑮ 감면종류 / 감면율							

※ 주식을 거래한 경우 양도소득세 신고와 별도로 증권거래세를 신고납부하여야 합니다.(원천징수된 경우는 제외)

210㎜×297㎜(백상지 80g/㎡)

(뒤쪽)

작 성 방 법

1. ①주식등 종목명란: 주식발행법인명을 적습니다.
2. ②주식등 종목코드란: 「자본시장과 금융투자업에 관한 법률」에 따른 증권시장 및 장외주식 호가중개종목의 경우에는 한국거래소에서 부여하는 주식종목코드를 적으며, 종목코드가 없는 그 밖의 비상장주식의 경우에는 사업자등록번호를 적습니다.
   ※ 국외주식의 경우 국제증권식별번호(ISIN코드)를 적으며 동 번호가 부여되지 않은 경우 발행법인소재 국가명을 적습니다.
3. ③주식종류코드란: 다음의 주식종류코드를 적습니다.

주식등 종류	비상장주식등						상장주식등			기타 자산 (주식등 양도분)	국외 주식등	
	장외주식등 호가중개종목			기타비상장법인			주권등 상장법인					
	중소기업	기타	중소기업외 법인 대주주 1년 미만	중소기업	기타	중소기업외 법인 대주주 1년 미만	중소기업	기타 대주주	중소기업외 법인 대주주 1년 미만		중소기업	기타
세율	10%	20%	30%	10%	20%	30%	10%	20%	30%	누진	10%	20%
코드	11	12	13	31	32	33	43	42	41	51	62	61

※ 국외주식란의 중소기업은 우리나라 중소기업이 해외에서 발행한 주식등으로서 외국의 시장에 상장된 주식을 말합니다.

4. ④취득유형란: 다음의 주식등 취득유형 및 코드를 적습니다.

취득유형	매매	공모	유상증자	무상증자	주식배당	합병	증여	상속	출자	기타
코드	1	2	3	4	5	6	7	8	10	9

5. ⑤취득유형별 양도주식등 수란: 양도주식등의 수를 적되, 양도하는 주식등의 취득유형이 다른 경우에는 취득유형별로 각각 적습니다.
6. ⑦주당양도가액란: 양도하는 주식등의 1주당 실지거래가액을 적습니다.
7. ⑧양도가액란: 양도하는 주식등의 실지거래가액(⑤×⑦)을 적으며, 국외자산은 원화환산한 금액을 적습니다.
8. ⑩주당취득가액란: 취득유형별로 취득한 주식등의 1주당 가액(상속·증여취득의 경우 법령에 정한 가액)을 적습니다.
   ※ 취득한 주식등의 1주당 취득가액은 실지거래가액을 적되, 실지거래가액이 확인되지 않는 경우에는 매매사례가액·환산가액을 순차적으로 적용하여 적습니다. 국외자산의 경우 실지거래가액, 해당정부평가액, 매매사례가액, 감정가액을 순차적으로 적용하여 적습니다.
9. ⑫필요경비란: 취득가액을 실지거래가액에 의하는 경우에는 수수료·증권거래세·농어촌특별세 등 실제양도비용과 취득비용을 적되, 실지거래가액이 확인되지 아니하는 경우에는 취득당시 기준시가의 1%에 해당하는 금액을 적습니다.
10. ⑭감면소득금액란: 양도소득금액 중 감면되는 소득금액을 적습니다.
11. ⑮감면종류 및 감면율란: 양도소득세 감면규정 및 감면율을 적습니다(감면 신청서는 별도로 작성하여 제출하여야 합니다).

※ 작성예시: 장외주식(중소기업)호가중개종목(주식종목코드: 12345)을 공모취득하여 양도하는 경우
가. ②주식종목코드: 12345 나. 주식종류코드: 11 다. 취득유형: 2

210㎜×297㎜(백상지 80g/㎡)

■ 소득세법 시행규칙 [별지 제84호서식 부표 3] <개정 2014.3.14> (4쪽 중 제1쪽)

취득가액 및 필요경비계산 상세 명세서(1)

구분				구분코드	거래상대방		지급일	지급금액	증빙종류(코드)
					상호	사업자등록번호			
취득가액	① 타인으로부터 매입한 자산	매입가액		111					
취득가액	① 타인으로부터 매입한 자산	취득세		112					
취득가액	① 타인으로부터 매입한 자산	등록세		113					
취득가액	① 타인으로부터 매입한 자산	기타부대비용	법무사비용	114					
취득가액	① 타인으로부터 매입한 자산	기타부대비용	취득중개수수료	115					
취득가액	① 타인으로부터 매입한 자산	기타부대비용	기타	116					
취득가액	① 타인으로부터 매입한 자산	소계							
취득가액	② 자기가 제조·생산·건설한 자산			120					
취득가액	② 자기가 제조·생산·건설한 자산			120					
취득가액	③ 가산항목	취득시 쟁송비	변호사비용	131					
취득가액	③ 가산항목	취득시 쟁송비	기타비용	132					
취득가액	③ 가산항목	매수자부담 양도소득세		133					
취득가액	③ 가산항목	기타		134					
취득가액	③ 가산항목	소계							
취득가액	④ 차감항목	감가상각비		141					
취득가액	⑤ 계 (①+③−④ 또는 ②+③−④)								
기타필요경비	자본적지출액 등	⑥ 자본적 지출액	용도변경·개량·이용편의를 위한 지출	260					
기타필요경비	자본적지출액 등	⑥ 자본적 지출액	엘리베이터, 냉난방설치	260					
기타필요경비	자본적지출액 등	⑥ 자본적 지출액	피난시설등설치	260					
기타필요경비	자본적지출액 등	⑥ 자본적 지출액	재해 등으로 인한 자산의 원상복구	260					
기타필요경비	자본적지출액 등	⑥ 자본적 지출액	개발부담금 재건축부담금	261					
기타필요경비	자본적지출액 등	⑥ 자본적 지출액	자산가치증가등 수선비	260					
기타필요경비	자본적지출액 등	⑥ 자본적 지출액	기타	260					
기타필요경비	자본적지출액 등	⑥ 자본적 지출액	소계						
기타필요경비	자본적지출액 등	⑦ 취득 후 쟁송비용	변호사비용	271					
기타필요경비	자본적지출액 등	⑦ 취득 후 쟁송비용	기타소송, 화해비용	272					
기타필요경비	자본적지출액 등	⑧ 기타비용	수익자부담금	281					
기타필요경비	자본적지출액 등	⑧ 기타비용	토지 장애 철거비	280					
기타필요경비	자본적지출액 등	⑧ 기타비용	도로시설비 등	280					
기타필요경비	자본적지출액 등	⑧ 기타비용	사방사업소요비용	280					
기타필요경비	자본적지출액 등	⑧ 기타비용	기타	280					
기타필요경비	자본적지출액 등	⑧ 기타비용	소계						
기타필요경비	자본적지출액 등	⑨ 계 (⑥+⑦+⑧)							
기타필요경비	양도비 등	⑩ 양도 시 중개수수료등 직접 지출비용		290					
기타필요경비	양도비 등	⑪ 국민주택채권 및 토지개발채권 매각차손 등 기타경비		291					
기타필요경비	양도비 등	⑫ 계 (⑩+⑪)							
기타필요경비	⑬ 기타 필요경비 계 (⑨+⑫)								

210㎜×297㎜[백상지 80g/㎡(재활용품)]

(4쪽 중 제2쪽)

작 성 방 법

(음영표시란은 적으실 필요가 없습니다)

1. 증빙종류 코드

증빙종류	현금영수증	신용카드 영수증	세금계산서	계산서	계약서	기타
코드	01	02	03	04	05	10

2. ① 타인으로부터 매입한 자산란: 기타부대비용은 취득 시 지출한 법무사비용, 중개수수료 등을 적습니다.
3. ② 자기가 제조·생산·건설한 자산란: 원재료비, 노무비, 하역비, 보험료, 수수료, 공과금(취득세·등록세를 포함합니다), 설치비, 기타부대비용을 합하여 적습니다.
4. ③ 가산항목란: 취득 시 쟁송비용은 취득에 관한 쟁송이 있는 자산에 대하여 그 소유권 등을 확보하기 위하여 직접 소요된 소송비용·화해비용을 적습니다.
5. ④ 차감항목란: 감가상각비는 양도자산 보유기간 중 그 자산에 대한 감가상각비로서 각 연도의 부동산임대소득금액 또는 사업소득금액의 계산에 있어서 필요경비에 산입하였거나 산입할 금액을 적습니다.
6. ⑥ 자본적 지출액란
   가. 개발부담금, 재건축부담금: 「개발이익환수에 관한 법률」에 따른 개발부담금 또는 「재건축초과이익 환수에 관한 법률」에 따른 재건축부담금을 말하며, 개발부담금 또는 재건축부담금의 납부의무자와 양도자가 서로 다른 경우에는 양도자에게 사실상 배분될 금액을 적습니다.
   나. 자산가치 증가 등 수선비: 자산의 내용연수를 증가시키거나 가치를 현실적으로 증가시키기 위하여 지출한 수선비를 적습니다.
7. ⑦ 취득 후 쟁송비용란: 양도자산을 취득한 후 쟁송이 있는 경우에 그 소유권을 확보하기 위하여 직접 든 소송비용·화해비용 등의 금액으로서 그 지출한 연도의 각 소득금액의 계산을 할 때 필요경비에 산입된 것은 제외한 금액을 적습니다.
8. ⑧ 기타비용란
   가. 수익자부담금: 「하천법」·「댐건설 및 주변지역지원 등에 관한 법률」, 그 밖의 법률에 따라 시행하는 사업으로 인하여 해당 사업구역 내의 토지소유자가 부담한 수익자부담을 적습니다.
   나. 토지 장애 철거비: 토지이용의 편의를 위하여 지출한 장애 철거비용을 적습니다.
   다. 도로시설비 등: 토지이용의 편의를 위하여 해당 토지 또는 해당 토지에 인접한 타인 소유 토지에 도로를 신설한 경우의 그 시설비 또는 국가 또는 지방자치단체에 이를 무상으로 공여한 경우의 그 도로로 된 토지의 가액을 적습니다.
9. ⑩ 양도 시 중개수수료 등 직접 지출비용란: 자산을 양도하기 위해 직접 지출한 계약서작성비용, 공증비용, 인지대, 부동산중개수수료 등을 적습니다.
10. ⑪ 국민주택채권 및 토지개발채권 매각차손등 기타경비란: 자산을 취득하는 경우 법령 등에 따라 매입한 국민주택채권 및 토지개발채권을 만기 전에 기획재정부령으로 정하는 금융기관 등(증권회사 및 은행)에 양도함으로써 발생하는 매각차손을 적습니다. 다만, 기획재정부령으로 정하는 금융기관 등(증권회사 및 은행) 외의 자에게 양도한 경우에는 같은 날에 기획재정부령으로 정하는 금융기관 등(증권회사 및 은행)에 양도함으로써 발생하는 매각차손을 한도로 합니다.

유 의 사 항

1. 해당 항목의 금액을 적고 실제로 지출한 사실을 입증할 수 있는 증빙서류(예시: 계약서, 세금계산서 등)를 제출해야 합니다.
2. ⑤란 계의 금액은 양도소득금액계산명세서(별지 제84호서식 부표 1)의 ⑩ 취득가액란에 옮겨 적습니다.
3. 이 서식의 ⑬ 기타 필요경비 계란의 금액은 양도소득금액계산명세서(별지 제84호서식 부표 1)의 ⑫ 기타 필요경비란에 적습니다.
4. 해당 항목의 지출증빙이 다수인 경우에는 「사업자등록번호」란에 "별지 작성"으로 적고 「지급금액」란에 "합계액"을 적은 후 취득가액 및 필요경비계산 상세 명세서(2)에 상세 명세를 작성합니다.

210㎜×297㎜[백상지 80g/㎡(재활용품)]

(4쪽 중 제3쪽)

취득가액 및 필요경비계산 상세 명세서(2)

일련번호	구분코드	구 분	거래상대방		지급일	지급금액	증빙종류(코드)
			상호	사업자등록번호			
1							
2							
3							
4							
5							
6							
7							
8							
9							
10							
11							
12							
13							
14							
15							
16							
17							
18							
19							
20							
21							
22							
23							
24							
25							
26							
27							
28							
29							
30							

210㎜×297㎜[백상지 80g/㎡(재활용품)]

작 성 방 법

1. 구분 코드
   취득가액 및 필요경비계산 상세 명세서(1)의 구분코드를 이용하여 적습니다.

2. 증빙종류(코드)
   취득가액 및 필요경비계산 상세 명세서(1)의 증빙종류(코드)를 이용하여 적습니다.

3. 해당 항목의 금액을 적고 실재로 지출한 사실을 입증할 수 있는 증빙서류(예시: 계약서, 세금계산서 등)를 제출해야 합니다.

4. 취득가액 및 필요경비계산 상세 명세서(1)의 「사업자등록번호」란에 "별지 작성"으로 적고 「지급금액」란에 "합계액"을 적은 금액이 취득가액 및 필요경비계산 상세 명세서(2)에 적은 금액의 합계와 같아야 합니다.

210mm×297mm[백상지 80g/㎡(재활용품)]

2. 양도소득 확정신고

양도소득세의 납세의무가 있는 자는 양도일이 속하는 연도의 다음연도 5월 1일부터 5월 31일까지 납세지 관할세무서장에게 자진신고·납부하여야 한다. 이를 확정신고라 한다(소득법 110 ① ③).

(1) 확정신고의무자

양도소득의 경우 예정신고를 반드시 해야 하고 예정신고를 한자는 확정신고를 할 필요가 없지만 다음의 경우에는 반드시 확정신고를 해야 하며 확정신고를 하지 않을 경우 가산세를 부담하여야 한다(소득법 110 ④, 소득령 178 ④).

① 해당 연도에 기본세율의 적용대상 자산에 대한 예정신고를 2회 이상 한 자가 이미 신고한 양도소득금액과 합산하여 신고하지 아니한 경우

② 토지, 건물, 부동산에 관한 권리 및 기타자산을 2회 이상 양도한 경우로서 양도소득기본공제의 적용 순위로 인하여 당초 신고한 양도소득 산출세액이 달라지는 경우

③ 주식 등을 2회 이상 양도한 경우로서 양도소득기본공제의 적용 순위로 인하여 당초 신고한 양도소득 산출세액이 달라지는 경우

(2) 확정신고 자진납부세액

양도소득세 확정신고를 하는 자는 양도소득과세표준 신고 및 납부계산서와 양도소득금액계산명세서를 작성하고 그 신고서 및 첨부서류를 확정신고기한 내에 납세지관할세무서에 제출(신고기한내 전자신고 가능)하는 동시에 자진납부할 세액을 납세지 관할세무서·은행 등에 납부하여야 한다.

1) 양도소득세의 분납

예정신고 및 확정신고에서 자진납부할 세액이 각각 1천만원을 초과하는 자는 다음의 분납금액을 납부기한 경과 후 2개월 이내에 분납할 수 있다(소득법 112).

구 분	분납금액
납부할 세액이 2,000만원 이하인 때	1,000만원을 초과하는 금액
납부할 세액이 2,000만원을 초과하는 때	세액의 50% 이하의 금액

2) 양도소득의 물납

토지 등이 공공사업시행자에게 양도되거나 기타 법률에 의해 수용되어 그 보상금액을 채권으로 수령한 경우 발생한 양도소득세를 금전으로 납부하기 곤란할 수 있다. 이 경우 당해 보상금액으로 받을 채권으로 양도소득세를 납부할 수 있다.

물납할 수 있는 대상은 아래와 같다.

- 공공사업의 시행자에게 양도자에게 수용되어 발생한 양도차익에 대한 양도소득세
- 공공사업의 시행자가 발행한 공공용지 보상 채권
- 납부세액이 1,000만원 초과
- 신고기한 10일전까지 납세지 관할세무서장에게 신청

3. 양도소득에 대한 수정신고와 경정 등의 청구

(1) 수정신고

과세표준신고서를 법정신고기한내에 제출한 자가 그 신고한 과세표준 및 세액이 신고하여야 할 과세표준 및 세액에 미달하거나 신고한 결손금액 또는 환급세액이 신고하여야 할 결손금액 또는 환급세액을 초과하는 때에는 관할세무서장이 과세표준과 세액을 결정 또는 경정하여 통지하기 전으로서 소득세 부과의 제척기간이 끝나기 전까지 과세표준 수정신고서를 제출할 수 있다(국기법 45 ①).

(2) 경정 등의 청구

과세표준신고서를 법정신고기한내에 제출한 자가 그 신고한 과세표준 및 세액이 신고하여야 할 과세표준 및 세액을 초과하거나 신고한 결손금액 또는 환급세액이 신고하여야 할 결손금액 또는 환급세액에 미달하는 때에는 법정신고 기한 경과 후 3년 이내에 최초에 신고한 국세의 과세표준 및 세액(결정 또는 경정이 있는 경우에는 당해 결정 또는 경정후의 과세표준 및 세액)의 결정 또는 경정을 관할세무서장에게 청구할 수 있다(국기법 45의2 ①).

4. 양도소득과세표준과 세액의 결정과 경정

양도소득세는 신고납부제도로 운영되며 납세자의 신고에 의해 납세의무가 확정된다. 그러나 양도소득세 과세대상 자산을 양도하였으나 신고하지 않거나 또는 신고에 오류 등이 있는 경우에는 과세표준 및 세액을 결정 또는 경정함으로서 납세의무가 확정된다.

(1) 결정사유

납세지 관할세무서장 또는 지방국세청장은 예정신고를 하여야 할 자가 그 신고를 하지 않거나 확정신고를 하여야 할 자가 신고를 하지 않은 경우 양도소득 과세표준과 세액을 결정한다.

(2) 경정사유

납세지 관할세무서장 또는 지방국세청장은 예정신고를 한 자 또는 확정신고를 한 자의 신고내용에 탈루 또는 오류가 있는 경우에는 양도소득 과세표준과 세액을 경정한다.

(3) 결정 및 경정의 방법

양도가액 및 취득가액의 추계결정 및 경정의 사유는 아래와 같다.

① 양도 또는 취득 당시의 실지거래가액의 확인을 위하여 필요한 장부·매매계약서·영수증 기타 증빙서류가 없거나 그 중요한 부분이 미비된 경우

② 장부·매매계약서·영수증 기타 증빙서류의 내용이 매매사례가액, 감정평가법인이 평가한 감정가액 등에 비추어 허위임이 명백한 경우

추계결정 및 경정의 경우 실지거래가액을 확인할 수 없는 경우 매매사례가액, 감정가액, 환산한 취득가액 또는 기준시가에 따라 결정 또는 경정할 수 있다.

5. 가산세

예정신고 및 확정신고를 하여야 할 자가 신고하지 않거나 불성실하게 신고하는 경우에는 가산세를 부담한다.

(1) 신고불성실 가산세

양도소득이 있는 자가 신고하여야 할 소득금액을 예정신고 또는 확정신고기한[67]까지 신고하지 않거나 미달하게 신고한 경우 신고불성실가산세가 과세된다.

---

67) 예정신고 및 확정신고 모두 무신고한 경우 1건의 양도에 대해서는 예정무신고가산세만 부과한다. 누진세율적용대상 자산을 2건 이상 양도한 경우 각각 예정신고건별로 예정무신고가산세 적용하고 합산에 의해 산출세액의 증가하는 경우 증가된 산출세액에 대해 확정무신고가산세를 부과한다.

신고불성실가산세 = 산출세액의 20%(부당무신고시 산출세액의 40%)

(2) 납부불성실가산세

예정 또는 확정신고기한까지 납부하여야 할 세액을 납부하지 않았거나 미달하게 납부한 세액에 대하여 납부불성실가산세가 과세된다.

납부불성실 가산세
= 납부하지 아니한 세액 또는 부족한 세액×납부기한의 다음날부터 자진 납부일 또는 납세고지일까지의 기간×금융회사 등이 연체대출금에 대하여 적용하는 이자율 등을 고려하여 대통령령으로 정하는 이자율(3/10,000)

제12절 양도소득세 비과세대상은?

양도소득세 과세대상이 되는 토지·건물 등을 양도하는 경우 원칙적으로 양도소득세가 과세된다. 그러나 1세대1주택, 농지의 교환 등 국민주거생활의 안정과 농촌의 보호하기 위해 일정요건을 충족하는 경우 양도소득세가 과세되지 않는다. 이를 비과세제도라 하며 납세자의 신고, 신청 등의 절차를 거치지 않고 당연히 양도소득세가 과세되지 않는다. 그러나 미등기 양도자산인 경우에는 비과세 적용을 받지 못한다. 한편 조세특례제한법에 의한 양도소득세 감면은 국가의 정책목적을 위해 납세자 부담액 중 일정율을 경감해주는 제도이다. 비과세와 달리 감면은 납세자의 신고나 신청이 있어야 한다.

소득세법에서 규정하고 있는 양도소득세 비과세 대상은 아래와 같다.

비과세 양도소득	비 고
파산선고에 의한 처분으로 인하여 발생하는 소득	
1세대 1주택과 부수토지의 양도로 인하여 발생하는 소득	고가주택 제외
농지의 교환 또는 분합으로 인하여 발생하는 소득	

1. 주택에 대한 양도소득세 비과세(1세대 1주택비과세)

(1) 1세대 1주택 비과세 요건

1세대가 1주택을 2년 이상 보유한 후 양도하는 경우 그 해당주택에 대한 양도소득세는 과세되지 않는다(소득법 89 ①).

1세대1주택에 대한 비과세혜택을 받기 위해서는 아래의 요건을 갖추어야 한다.

1세대 1주택 요건	비 고
1세대 요건	• 거주자 요건: 거주자이어야 함 • 1세대 요건 : 1세대는 거주자 및 그 배우자가 그들과 동일한 주소 또는 거소에서 생계를 같이하는 가족과 함께 구성하는 세대를 말함
1주택 요건	• 주택 요건: 고가주택이 아니어야 함 • 국내 1주택 소유 요건: 국내에 주택을 소유하여야 함
보유기간 요건	• 2년 이상 보유하여야 함
등기자산 요건	• 취득 및 양도사실을 등기하여야 함

1) 1세대요건

1세대란 거주자 및 그 배우자가 그들과 동일한 주소 또는 거소에서 생계를 같이하는 가족과 함께 구성하는 1세대를 말한다. 이 경우 가족이라 함은 거주자와 그 배우자의 직계존비속(그 배우자 포함) 및 형제자매를 말하며 취학·질병의 요양, 근무상 또는 사업상의 형편으로 본래의 주소 또는 거소를 일시퇴거한 자를 포함한다.

배우자가 없는 경우에도 1세대로 보는 경우는 다음과 같다.

① 거주자의 연령이 30세 이상인 경우

② 배우자가 사망하거나 이혼한 경우

③ 소득이 최저생계비수준이상으로서 소유하고 있는 주택 또는 토지를 관리유지하면서 독립된 생계를 유지할 수 있는 경우. 다만, 미성년자의 경우를 제외하되 미성년자의 결혼, 가족의 사망 그밖에 1세대의 구성이 불가피한 경우

2) 거주자 요건

거주자에게만 적용되며 비거주자에게는 적용되지 아니한다.

3) 주택요건

1세대 1주택 비과세 판정시 주택이란 공부상 용도구분에 관계없이 사실

상 상시 주거용으로 사용하는 건물을 말하여 그 용도가 불분명한 것은 공부상의 용도에 의한다. 주택장착면적의 5배(도시지역 밖은 10배) 이내인 토지는 주택에 부수되는 토지로 보아 주택에 포함한다.

다가구주택은 원칙적으로 한가구가 독립하여 거주할 수 있도록 구획된 부분을 각각 하나의 주택으로 본다. 다만 다가구주택을 하나의 매매단위로 양도하는 경우에는 취득자나 양도자가 1인인지 여부에 관계없이 단독주택으로 보아 1세대 1주택여부를 판정한다.

(2) 고가주택의 비과세 제외

고가주택이란 주택 및 이에 부수되는 토지는 양도당시의 실지거래가액의 합계액이 9억원을 초과하는 것을 말한다(소득령 156 ①). 고가주택에 해당하는 경우 1세대1주택 비과세대상에서 제외된다. 따라서 1세대 1주택이나 고가주택을 양도하였다면 전체 양도차익 중 고가주택에 상당하는 양도차익에 대하여 양도소득세를 납부하여야 한다.

(3) 겸용주택의 비과세 대상

1세대 1주택 비과세 규정을 적용함에 있어서 하나의 건물이 주택과 주택외 상가 등으로 구성되어 있는 경우와 주택에 부수되는 동일한 지번에 주택외의 건물이 있는 경우에는 전부를 주택으로 본다. 다만 주택의 면적인 주택외의 면적보다 적거나 같을 경우 주택외의 부분은 주택으로 보지 않는다.

구 분	건 물	부수토지
① 주택면적 > 주택외의 건물면적	전체를 주택으로 봄	전체를 주택 부수토지로 봄
② 주택면적 ≤ 주택외의 건물면적	주택부분만 주택으로 봄	전체 토지면적을 주택부분면적과 주택 이외의 부분의 면적으로 안분계산함

(4) 1세대 1주택의 판정

1세대 1주택의 판정은 양도일 현재를 기준으로 한다. 2개 이상의 주택을 같은 날에 양도하는 경우에는 당해 거주자가 선택하는 순서에 따라 주택을 양도한 것으로 본다.

(5) 보유기간

1) 원칙: 취득일로부터 양도일까지

1세대 1주택 비과세규정을 적용할 때 보유기간의 계산은 당해 자산의 취득일부터 양도일까지로 한다. 다만, 재건축주택은 멸실된 주택과 재건축한 주택의 보유기간을 통산한다.

상속받은 주택으로서 상속인과 피상속인이 상속 개시 당시 동일세대인 경우에는 상속개시전 상속인과 피상속인이 동일세대로서 보유한 기간을 통산한다.

비거주자가 주택을 3년 이상 보유하고 그 주택에서 거주한 상태로 거주자로 전환한 경우에는 해당 주택에 대한 거주기간 및 보유기간을 통산한다.

2) 보유기간의 제한을 받지 않는 경우

건설임대주택을 분양받아 양도하는 경우로서 당해 건설임대주택의 임차일부터 주택의 양도일까지 거주기간이 5년 이상이라면 보유기간에 제한 없이 비과세한다.

법률에 의한 협의매수, 수용되는 경우에는 제한 없이 비과세된다.

세대전원이 국외 이주하는 경우로서 출국일 현재 1주택을 보유하고 있는 경우로서 출국일로부터 2년 이내에 양도하는 경우에는 보유기간의 제한을 받지 아니한다.

취학, 근무, 질병치료를 위해 세대전원이 다른 시·군으로 이전하는 경우 1년 이상 거주하였다면 비과세대상에 해당한다.

(6) 1세대 1주택의 특례

일시적으로 1세대2주택에 해당하더라도 아래의 경우 비과세 대상이 된다. 이 경우 양도하는 종전 주택은 비과세요건에 해당하여야 한다.

1세대 1주택 특례	내 용
주거이전을 위하여 일시적으로 2주택이 된 경우	• 종전의 주택을 취득한 날로부터 1년 이상이 지난 후 다른 주택을 취득 • 다른 주택을 취득한 날로부터 3년 내에 종전의 주택을 양도하여야 함
주택상속으로 2주택이 된 경우	• 일반주택을 양도하는 경우(상속주택을 일반주택보다 먼저 양도하는 경우 과세함)
직계존속의 동거봉양을 위해 세대를 합침으로써 2주택이 된 경우	• 세대를 합친 날로부터 5년 내에 양도하여야 함 • 먼저 양도하는 주택에 적용함
혼인으로 2주택이 된 경우	• 혼인한 날부터 5년 내에 양도하여야 함 • 먼저 양도하는 주택에 적용함
문화재와 일반주택 소유로 2주택이 된 경우	• 일반주택을 양도하는 경우 국내에 1주택을 소유하고 있는 것으로 간주함
농어촌주택과 일반주택 소유로 2주택이 된 경우	• 농어촌주택이란 수도권 밖의 지역 중 읍면지역(도시지역 제외) 또는 면지역에 소재하면서 아래의 비과세요건을 만족하는 경우 ㄱ. 상속받은 주택: 취득 후 5년간 거주하여야 함 ㄴ. 이농주택: 취득일 후 5년 이상 거주하여야 함 ㄷ. 귀농주택: 귀농일부터 5년 이상 영농·영어에 종사하거나 당해 주택에 거주하여야 함 • 일반 주택을 양도하는 경우
근무상의 형편 등으로 취득하여 2주택이 된 경우	• 근무상의 형편 등으로 취득한 수도권밖에 소재하는 주택으로서 3년 이내에 일반주택을 양도하는 경우

2. 농지의 교환, 분할에 대한 비과세

다음에 해당하는 농지[68]의 교환 또는 분합의 경우로, 교환 또는 분합하는 쌍방 토지가액의 차액이 가액이 큰 편의 1/4 이하인 경우 양도소득세를 과세하지 아니한다(소득령 153 ①).

① 국가 또는 지방자치단체가 시행하는 사업으로 인하여 교환 또는 분합하는 농지

② 국가 또는 지방자치단체가 소유하는 토지와 교환 또는 분합하는 농지

③ 경작상 필요에 의하여 교환하는 농지. 다만, 교환에 의하여 새로이 취득하는 농지를 3년 이상 농지소재지에 거주하면서 경작하는 경우에 한한다.

④ 「농어촌정비법」·「농지법」·「한국농어촌공사 및 농지관리기금법」 또는 「농업협동조합법」에 의하여 교환 또는 분합하는 농지

68) 농지는 전·답으로서 지적공부상의 지목에 관계없이 실제로 경작에 사용되는 토지를 말하며, 농지경영에 직접 필요한 농막·퇴비사·양수장·지소·농도·수로 등을 포함한다.

연습문제

객관식 문제

1. 다음의 경우 양도소득세가 비과세되는 2주택자가 아닌 것은?

① 노부모를 봉양하기 위해 합가한 경우 합가일로부터 5년 이내에 먼저 양도하는 주택

② 결혼으로 집이 두채가 될 때 결혼한 날로부터 5년 이내에 먼저 양도하는 주택

③ 이사를 가기 위해 일시적으로 두채의 집을 갖게 된 때 종전 주택을 2년 내에 처분한 경우

④ 상속받아 집이 두 채가 된 경우 먼저 양도하는 주택

2. 소득세법상 1세대 1주택에 관한 설명으로 옳은 것은? 2006 9급 세무직

① 국내에 1주택을 소유한 1세대가 그 주택을 양도하기 전에 조합원입주권을 취득함으로써 일시적으로 1주택과 1조합원입주권을 소유하게 되는 경우 조합원입주권을 취득한 날로부터 1년 이내에 종전의 주택을 양도하는 경우에는 이를 1세대 1주택으로 본다.

② 거주자가 그 배우자와 같은 주소에서 생계를 같이하고 있다면 1세대로 보되, 별거하고 있으면 각각 별도의 세대로 본다.

③ 상속받은 주택과 일반주택을 국내에 각각 1개씩 소유하고 있는 1세대가 상속주택을 양도하는 경우에는 국내에 1개의 주택을 소유하고 있는 것으로 본다.

④ 비과세되는 1세대 1주택에 있어서 부부가 각각 단독세대를 구성하였을 경우에는 동일한 세대로 보지 아니한다.

쉬어가는 코너[69] 1세대 1주택의 양도차익은 비과세

1세대가 1주택을 2년 이상 보유한 후 양도하면 양도차익이 있다 하더라도 양도소득세를 내지 않는다.

1세대란 배우자와 생계를 같이하는 가족을 말한다. 30세 이상이면 배우자가 없더라도 1세대로 인정되며, 1세대인지 아닌지는 주민등록등본으로 판정한다. 만약 여러 가지 이유에 의해 동일한 주소에 부모님과 주민등록을 함께 하였다면 각각 소유의 집에 거주하고 있다 하더라도 1세대 1주택으로 보지 않을 수 있으므로 주의하여야 한다. 그러므로 주택을 양도하기 전에 주민등록을 분리하는 것이 좋다.

1주택이란 주거용 건물을 말하며 사실상의 용도에 의해 주택인지를 판정한다. 만약 사실상의 용도와 등기부등본과 같은 공적인 문서의 용도가 다르다면 주택의 소유자가 객관적인 증빙을 제시하여 주택인지를 입증하여야 한다. 따라서 양도하기 이전에 공적인 문서를 정리해 두는 것이 필요하다.

사실상 주택인지, 1주택만을 보유하는 지를 판정하는 것은 양도일 현재를 기준으로 한다. 만약 주택을 카페 또는 음식점으로 사용하였다면 폐업 후 주택으로 변경하여 양도하는 것이 유리하다. 또한 1주택을 소유하면서 사실상 상가용으로 이용하는 또 하나의 주택을 소유하고 있다면 거주하는 주택을 양도할 때 1세대 1주택으로 판정받지 못하는 경우가 있을 수 있다. 이 경우 상가로 이용하는 주택의 등기부등본을 상가로 용도 변경한 다음 거주용 주택을 양도하는 것이 유리하다.

한편 상가와 주택이 함께 있는 복합건물의 경우 주택부분이 1평이라도 크면 전체를 주택으로 인정받을 수 있으므로 복합건물을 신축할 때 유의해야 한다.

1세대 1주택을 판정하는 시기는 양도하는 시점이다. 따라서 1세대 1주택 이상을 소유하고 있다면 마지막에 양도하는 주택이 1세대 1주택으로서 세금을 내지 않는다. 그러므로 다주택자의 경우 주택을 처분할 때 양도차익이 작은 주택을 먼저 처분하는 것이 세금을 줄이는 방법이다. 양도하는 시점에 1세대 2주택이라도 주어진 기간 안에 1주택을 팔면 양도소득세가 비과세되는 경우가 있다. 이사를 위해 주택을 구입하였고 부동산 경기가 나빠 구주택을 양도하지 못한 상태에서 이사하였다면 구주택을 양도하는 시점에 일시적으로 1세대 2주택이 된다. 그러나 이사한 후 3년 안에 구주택을 처분하였다면 1세대 1주택으로서 세금을 내지 않는다. 상속을 받아 2주택자가 된 경우 비과세 요건을 갖춘 일반주택을 먼저 양도하면 세금을 내지 않는다. 노부모를 모시기 위해 세대를 합쳐 2주택자가 된 경우 세대를 합친 날로부터 5년 이내에 먼저 양도하는 주택에 대하여는 양도소득세를 내지 않는다. 한편 일반 주택을 소유한 자가 2003년 8월1일부터(고향주택은 2009년 1월1일) 2014년 12월 31일 기간 중 일정규모 이하의 농어촌 주택이나 고향주택을 취득하여 2주택자가 되었다면 일반주택을 팔 때 1세대 1주택으로 보아 세금을 내지 않는다. 일정규모 이하란 대지 660㎡, 건물 150㎡ 이고 취득시의 기준시가가 2억원을 초과하지 않는 것이다.

임대주택을 취득하여 양도하는 경우 임차일부터 양도일까지의 거주기간이 5년 이상인 경우 보유기간과 관계없이 양도소득세를 내지 않는다.

양도당시의 실거래가액이 9억을 초과하는 고가주택은 1세대 1주택으로서 요건을 갖추었다 하더라도 9억원까지만 비과세하고 9억원을 초과하는 금액은 과세한다.

69) 저자의 기고에 의해 매일신문 2013.9월에 게재되었던 내용입니다.

찾아보기

[ㄱ]
가업상속공제　60
간주상속재산　48
감정가액　125, 185
감정평가수수료　63, 99
개별공시지가　128
개별주택가격　128
거수자　162
건물　171
겸용주택　236
경정　184
고가양도　108
고가주택　192
고령자세액공제　140
공과금　50
공동주택가격　128
공시가격　134
공유물분할　167
과세가액불산입　49
과세기준일　134, 155
과점주주　13
교환　165
금융재산 상속공제　58
기본공제　204
기준시가　185, 188
기초공제　55
기타 인적 공제　56

[ㄴ]
납부불성실가산세　233
납부세액공제　103
농지대토　213

[ㄷ]
단기재상속에 대한 세액공제　69
동거주택 상속공제　59

[ㅁ]
매매　165
매매가액　125
매매사례가액　185
명의신탁재산　114
명의신탁해지　167
무상사용이익　109

물납 74
물적공제 58
미등기양도자산 200

[ㅂ]
배우자 상속공제 55
법정상속분 40
별도합산 과세대상 137
보유기간 237
보통징수방법 156
보험금 106
부과징수 145
부담부 증여 193
부담부증여 166
부동산 과다보유법인 174
부동산을 취득할 수 있는 권리 171
부동산임차권 172
분납 74
분리과세대상 137
비거주자 162
비사업용 토지 207
비상장주식 173

[ㅅ]
사인증여 38
사전증여재산 51
사치성 재산 25
상속개시일 37
상속개시지 44
상속세 과세가액 50
상속순위 38
상속인 37
상장주식 172
세대생략 할증과세 67
세대생략증여 102
세율 67
소액징수면제 156
승계취득 12
시가 124
신고기한 84
신고납부 145
신고불성실 가산세 232
신고세액공제 69, 104
신탁이익 106
실지거래가액 182

[ㅇ]
양도비용 186
연대납세의무 44
연부연납 74
영농상속공제 61
영업권 173
예정신고 215
완전포괄주의 88
원시취득 12
유산과세형 41
유증 37
이월과세 195

인적공제 55

일괄공제 58

1세대 1주택 234

[ㅈ]

자경농지 212

자금출처 113

자본적지출액 186

장기보유자세액공제 140

장기보유특별공제 199

장례비용 50

재산가치상승금액 111

재산분할청구권 167

재산세 149

재해손실공제 59, 99

저가양수 107

전세권 172

종합부동산세 133

종합합산 과세대상 137

중과세율 25, 154

증여 88

증여세액공제 69

증여의제 114

증여재산공제 98

증여추정 112

지상권 171

지정상속분 39

징수유예 103

[ㅊ]

채무 51

채무면제 108

총상속재산가액 45

추계결정 184

추정상속재산 46

취득과세형 41

취득세 11

[ㅌ]

토지 171

특별연고자에 대한 분여 38

특정시설물이용권 173

특정주식 173

[ㅍ]

파산선고 234

표준세율 24, 152

피상속인 37

필요경비 185

[ㅎ]

할증세액 102

현물출자 165

협의매수 165

확정신고 229

환산한 취득가액 185

환지처분 166

[저자 약력]

김 영 화

계명대학교 세무학과 교수
공인회계사, 세무사, 경영학 박사
삼일회계법인, 선진회계법인 근무

부동산 세제 해설

초판발행 2014년 2월 25일
초판발행 2014년 3월 3일

지은이 김영화
펴낸이 박노일

총괄기획 김중용
편 집 심성보·김인숙

펴낸곳 pnc publishing and culture 피앤씨미디어
경기도 고양시 일산동구 강송로 153 310-1501
등록 제396-2012-000203호
전 화 070)7550-3758 팩 스 02)718-8554
홈페이지 www.pncmedia.co.kr 이메일 pnc@pncmedia.co.kr
ISBN 978-89-98786-89-2 93320

정 가 15,000원